本书获得2019年度国家自然科学基金青年科学基金项目“社交网络环境下异质信息投资者对股价崩盘风险的影响研究”（项目批准号：71901094）的资助

湖南师范大学·经济管理学科丛书
HUNANSHIFANDAXUE JINGJIGUANLIXUEKECONGSHU

基于计算金融实验的金融市场信息披露与崩盘风险研究

Information Disclosure and Crash Risk in Financial Market based on Computational Finance Experiments

谢 楠◎著

经济管理出版社
ECONOMY & MANAGEMENT PUBLISHING HOUSE

图书在版编目（CIP）数据

基于计算金融实验的金融市场信息披露与崩盘风险研究／谢楠著．—北京：经济管理出版社，2019.10
ISBN 978-7-5096-6552-7

Ⅰ．①基…　Ⅱ．①谢…　Ⅲ．①金融市场—市场信息—关系—股票投资—风险分析—研究—中国　Ⅳ．①F832.5

中国版本图书馆 CIP 数据核字（2019）第 227023 号

组稿编辑：杨　雪
责任编辑：杨　雪　杜奕彤
责任印制：黄章平
责任校对：陈晓霞

出版发行：经济管理出版社
（北京市海淀区北蜂窝 8 号中雅大厦 A 座 11 层　100038）
网　　址：www.E-mp.com.cn
电　　话：（010）51915602
印　　刷：北京晨旭印刷厂
经　　销：新华书店
开　　本：720mm×1000mm/16
印　　张：12
字　　数：164 千字
版　　次：2019 年 10 月第 1 版　　2019 年 10 月第 1 次印刷
书　　号：ISBN 978-7-5096-6552-7
定　　价：68.00 元

总序 SEQUENCE

当历史的年轮跨入2018年的时候，正值湖南师范大学建校80周年之际，我们有幸进入国家“双一流”学科建设高校的行列，同时还被列入国家教育部和湖南省人民政府共同重点建设的“双一流”大学。在这个历史的新起点上，我们憧憬着国际化和现代化高水平大学的发展前景，以积极进取的姿态和“仁爱精勤”的精神开始绘制学校最新最美的图画。

80年前，伴随着国立师范学院的成立，经济学科建设也开始萌芽。从当时的经济学、近代外国经济史、中国经济组织和国际政治经济学四门课程的开设，我们可以看到现在的西方经济学、经济史、政治经济学和世界经济四个理论经济学二级学科的悠久渊源。新中国成立后，政治系下设政治经济学教研组，主要承担经济学的教学和科研任务。1998年开始招收经济学硕士研究生，2013年开始合作招收经济统计和金融统计方面的博士研究生，2017年获得理论经济学一级学科博士授权点，商学院已经形成培养学士、硕士和博士的完整的经济学教育体系，理论经济学成为国家一流培育学科。

用创新精神研究经济理论，构建独特的经济学话语体系，这是湖南师范大学经济学科的特色和优势。20世纪90年代，尹世杰教授带领的消费经济研究团队，系统地研究了社会主义消费经济学、中国消费结构和消费模式，为中国消费经济学的创立和发展做出了重要贡献；进入21世纪以后，我们培育的大国经济研究团队，系统地研究了大国的初始条件、典型特征、发展形式和战略导向，深入探索了发展中大国的经济转型和产业升级问题，构建了大国发展经济学的逻辑体系。正是由于在消费经济和大国经济领域的开创性研究，铸造了商学院的创新精神和学科优势，进而形成了我们的学科影响力。

目前，湖南师范大学商学院拥有比较完善的经管学科专业，理论经济学和工商管理是重点发展领域，我们正在努力培育这两个优势学科。我们拥有充满活力的师资队伍，这是创造商学院新的辉煌的力量源泉。为了打造展示研究成果的平台，我们组织编辑出版经济管理学科丛书，将陆续地推出商学院教师的学术研究成果。我们期待各位学术骨干写出高质量的著作，为经济管理学科发展添砖加瓦，为建设高水平大学增光添彩，为中国经济学和管理学走向世界做出积极贡献！

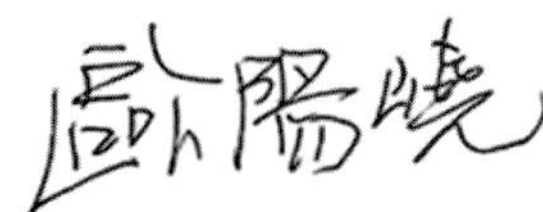

前言 PREFACE

金融市场是一国经济运行的核心，维护金融市场的稳定，进行有效的金融风险防范与管理是各国政府与投资机构追求的目标之一。金融市场的复杂性和金融市场固有的投机性导致金融市场经常处于不稳定状态。我国金融市场属于新兴市场，市场信息透明度低、资本市场不成熟、制度性缺陷明显，崩盘等极端尾部事件风险时有发生，因而受到监管层、投资者和学术界的广泛关注。本书基于异质信息交易者模型和异质信息策略演化模型，引入信息披露机制与动态社交网络，构建出新的股票市场和期货市场模型，运用计算实验金融方法，搭建人工股票市场和期货市场，考察不同网络结构下信息披露与崩盘风险之间的关系，以及不同信息披露层次下网络结构与崩盘风险之间的关系。具体的研究内容和研究结论如下：

首先，本书针对股票市场存在的多维度信息性、信息传播渠道多样性、投资者异质性、策略多样性和动态性四个方面的复杂特征，在放宽对市场信息同质假设的基础上，通过在期望效用研究框架下引入异质股利发放信息、股利信息披露机制、投资者信息搜寻过程、信息交互网络和交互机制，以及在这些机制共同影响下的投资者决策机制、市场出清机制、策略优化机制，构建了基于信息披露和社交网络的股票市场模型。同时，研究期货市场信息传播渠道多样性、策略多样性和动态性、交易频繁性和自发性这三个方面的复杂特征共同作用下的市场价格动态、收益动态、效率动态。参照股市模型的构造方法，引入信息披露、信息交互网络和机制，提出适用于期货市场的市场出清机制和基于社会学习的策略优化机制，构建基于信息披露和社交网络的期货市场模型。

其次，运用计算实验方法，搭建股票仿真市场和期货仿真市场，在保证市场环境、交易机制及 Multi-Agent 行为一致性的前提下，进行可重复的控制性实验，再现不同的投资者行为作用下的市场表现。通过收集不同社交网络和不同信息披露环境下的仿真市场数据，研究了社交网络结构、信息披露与崩盘风险之间的关系。研究发现，无论是金融市场中的股票市场还是期货市场，信息披露层次的增加都能够显著增加市场透明度和提升市场效率，降低崩盘风险。同时，随着信息披露层次的增加，投资者如果出现策略趋同性，则会引发羊群效应，这将显著降低市场效率，引致崩盘风险，且最终引致的崩盘风险的变化效果取决于两者力量的博弈。在股票市场中，股价的崩盘风险因信息透明度的提高而降低，而期货市场的表现则相反。同时，股票市场表现出三种社交网络环境中信息披露与崩盘风险的规律趋于一致，而期货市场则呈现出网络结构越复杂崩盘风险越大的规律。

总的来说，本书构建的模型填补了基于信息披露的市场模型研究的空白，也通过模型仿真分析，从理论上统一了学术界关于信息披露与崩盘风险关系的观点，为后续更深入地了解崩盘风险奠定了理论基石。

目录 CONTENTS

湖南师范大学商学院
商湘
BUSINESS COLLEGE OF HUNAN NORMAL UNIVERSITY

第
一
章

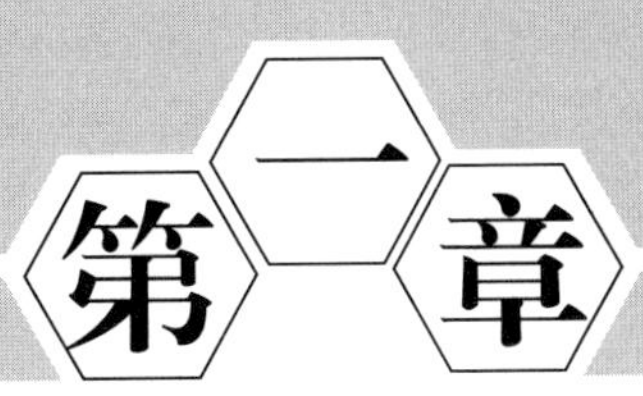

绪　论

本章在对本书的研究背景和意义进行介绍的基础上，阐述本书的研究思路和研究内容，绘制本书的研究框架图来展示各章节之间的关系，并指出本书的创新点。

第一节 研究背景和意义

金融市场是一国经济运行的核心，维护金融市场的稳定，进行有效的金融风险防范与管理是各国政府与投资机构追求的目标之一。金融市场的复杂性和金融市场固有的投机性决定了金融市场经常处于不稳定状态。2018 年 2 月 9 日，股市又出现整体暴跌现象，沪深两市纷纷低开，午后三大股指继续下行，截至当日午后收盘，上证综指暴跌 4. 05%，深圳成指暴跌 3. 58%，跌幅创日内新低，百股跌停再现市场。频发的崩盘等极端尾部事件风险（Extreme Tail Event Risk）受到监管层、投资者和学术界的广泛关注。我国金融市场属于新兴市场，市场中信息透明度低、资本市场不成熟、制度性缺陷明显，崩盘等极端尾部事件风险时有发生。国内外学术界和理论界对崩盘风险的研究起步较晚，已有研究主要从会计信息披露质量（Hutton et al. , 2009；陶洪亮等，2011；王冲等，2013；Kim & Zhang,

2014；Kim et al.，2016）、投资者保护（王化成等，2014）、高管个人特征（李小荣和刘行，2012；Kim et al.，2015，2016）、机构投资者（许年行等，2013；An & Zhang，2013；Callen & Fang，2015；权小锋和尹洪英，2017）、分析师（潘越等，2011；许年行等，2012，2013）、管理层期权激励（Xu et al.，2014；Kim et al.，2015）、企业避税（江轩宇，2013；Kim et al.，2011a）、管理制度（Campbell et al.，2008；Zhu，2016；梁权熙和曾海舰，2016；褚剑和方军雄，2017）等方面对股价崩盘的影响因素进行了研究。然而，就其本质而言，股价崩盘风险源于管理层事前隐瞒企业重大风险和坏消息（Kim et al.，2016），因此加强企业内部信息披露显然有助于缓解股价崩盘风险。

伴随着信息披露的增多，依托信息生存的信息中介（譬如数据库供应商和金融分析师等）会以低价获取信息，帮助企业把信息传播和扩散出去吸引投资者，从而提高企业股票等金融产品的流动性，投资者往往容易被市场误导，在一定程度上成为崩盘风险产生的根源（Diamond & Verrecchia，1991）。金融市场中的信息交流、收集和处理都会产生成本，市场中普遍存在的信息不对称以及投资者具有的非同质预期决定了投资者对信息反应的差异性，而信息能够影响市场中投资者的行为决策，并且能够改变价格、收益率和整个市场的波动情况。同时，由于信息披露与信息不对称呈互补关系，随着信息披露程度的提高，信息的不对称性将相应地增加，并且在金融市场中，非知情交易者即噪声交易者普遍存在，导致信息含量低，从而市场中存在较高的风险和泡沫。另外，信息披露可以通过信息获取渠道实现对市场披露信息的外力作用，社交网络等能够拓宽投资者的信息获取渠道，大大降低投资者的信息搜寻时间和成本，甚至能弥补其自身对信息理解的不足。

信息披露是否应该强制性地执行一直是经济学界颇具争议的话题之一（Easterbrook & Fischel，1991）。从市场的角度来说，如果投资者都特别关注信息披露的程度，并将信息披露的多寡作为投资决策的依据，那么企业自然会争相进行信息披露，而不需要监管机构依据法律、法规来强制执行。从监管者的角度来说，主张信息披露强制执行的监管者认为，必须要以立法的形式明确信息披露的数量，否则管理者就会从自身利益出发而选择不披露真实和有效的信息，并且他们会通过一些误导手段引导投资者认可企业公布的虚假信息。综合考虑以上两个方面，国际会计标准委员会在财务会计准则委员会（FASB）第 1 号文件中声明：财务报告中披露的信息必须是对现有投资者、潜在投资者、债权人以及其他投资者都有用的信息。实际上，许多的文献研究也认为信息披露是不必要的。也就是说，并不是市场中信息披露层次高，投资者的投资业绩就越好，反而当市场中平均信息披露水平较低时，市场效率更高。市场中往往出现对披露信息进行透彻分析的投资者的投资收益反而差的情况。传统金融理论假设市场的有效度和信息披露是完全的，投资者对信息的获取程度和掌握程度是一致的，且市场价格反映了所有的信息，只要市场价格反映了所有信息，就可以获得超额回报（Fama，1970）。但是现实生活中，高水平的公开披露全部信息是很难做到的，有效市场假说遭到了越来越多的质疑。Grossman（1976）提出了众所周知的信息悖论，他认为如果股价完全反映了全部可用信息，那么投资者的私有信息将变得多余，投资者也不愿意为获得信息而支付任何成本。相反，如果没有投资者对信息进行分析，那么股价也就没法涵盖所有信息。相继有研究者试图来解决这一悖论（Grossman & Stiglitz，1980；Diamond & Verrecchia，1981；Hellwig，1982；Kyle，1989；Jackson，1991；Yu，1993）。市场有效假说越来越被弱化，人们普遍认为，如果金融市场没有包含所有信息，那么市场交易者应该去想方设法获取信息。然而，真正的挑战不是来自市场有效假说，而是市场低效率确实存在。研究者普遍忽略了一个事实，那就是投资决策是一个复杂的博弈决策过程（Schredelseker，2001）。市场中拥有更多更好信息的投资者才能够成为“胜利者”，即拥有更高档次信息的投资者在一定市场初值与假设条件下理应占据优势，并在市场的不断演化过程中存活下来，而拥有最高档次信息——内幕信息的投资者因为占据绝对优势，随着市场的不断演化其内幕信息理应被迅速发现并被投资者利用。然而，Hauser（2015）通过增加信息成本进一步改进期权市场信息披露交易者策略演化模型，发现市场均衡时市场中只会留存内幕信息者和完全没有购买信息的投资者。信息成本的引入使得期权市场模型设定与真实市场更为近似，若考虑到社交网络环境下越发复杂的人际交互关系，那么信息或投资决策是否会通过投资者的主动学习过程进行更为复杂的更新与演化，这种复杂状态下基于信息的投资策略有着怎样的演化规律值得我们关注。

鉴于该研究背景，迫切需要构建一个将信息披露与社交网络信息渠道引入传统金融市场模型中的新的金融市场模型，研究信息披露与崩盘风险之间的规律，从而为监管者进行市场风险控制、企业管理者进行管理和投资者规避风险提供理论支撑。本书结合中国特有的时代背景和社交网络环境下的人工金融市场，构建基于信息披露和社交网络的股票市场模型和期货市场模型，为研究信息披露与崩盘风险之间的规律提供一个非常有价值的场所。从实践意义上说，深入剖析崩盘风险的内在根源以及治理机制，有助于防范和化解金融风险、促进金融市场平稳发展及优化资源配置效率。从理论上说，本书进行的分析丰富了市场仿真、信息披露和崩盘风险的理论研究。

第二节 研究思路和研究内容

一、研究思路

首先，本书介绍了现有研究背景和意义，对研究现状进行文献回顾与理论基础梳理，构建基于信息披露和社交网络的股票市场模型和期货市场模型。其次，运用计算实验方法，基于股市和期市模型分别搭建计算实验平台，在保证市场环境、交易机制及 Multi-Agent 行为一致性的前提下，进行可重复的控制性实验，运用 JAVA 语言编程分别获取社交网络环境下股票市场和期货市场有关信息披露与崩盘风险的数据，并运用 Python 进行数据分析，探讨在不同网络结构下、不同信息披露层次下人工股票市场和人工期货市场信息披露与崩盘风险之间的关系。最后，进一步对人工金融市场中的股市和期市进行稳健性检验，在对两个市场进行对比分析的基础上，根据研究获得的启示，提出有针对性的政策建议，并总结本书的主要研究结论、研究存在的不足和下一步研究的内容。

本书基于信息披露渠道社交网络环境下的信息披露与崩盘风险之间的关系，考虑股票市场和期货市场存在的多维度信息性、信息传播渠道多样性、投资者异质性、策略多样性与动态性和交易频繁性与自发性这些复杂特征，构建基于信息披露与崩盘风险的股票市场模型和期货市场模型。在股票市场模型中，在期望效用研究框架下引入异质股利发放信息、股利信息披露机制，投资者信息搜寻过程、信息交互网络以及交互机制，以及在这些机制共同影响下的投资者决策机制、市场出清机制、策略优化机制。在期货市场模型中，参照股市仿真模型的构造方法，引入信息披露、信息交互网络和机制，同时提出适用于期货市场的市场出清机制和基于社会学的策略优化机制。在固定的社交网络结构下检验可变的信息披露与崩盘风险的关系，以及在固定的信息披露层次下检验可变的社交网络与崩盘风险的关系，进一步探讨了基于股票市场和期货市场的信息披露与崩盘风险之间的关系。通过变更参数初始设置的稳健性检验和对两个市场的对比得到相关启示，提出风险控制策略。

二、研究内容

本书主要运用计算实验方法，利用“自下而上”的计算机模拟实验进行计算实验仿真，搭建人工金融仿真市场，以此来揭示金融市场的复杂特征，探讨金融市场涌现出的金融现象。对股票市场和期货市场的微观机制进行分解建模，在均值方差框架下，对市场结构、信息交互网络和机制、市场出清机制等进行详细的数学描述。以计算实验金融的建模思路，利用微观机制来构建完整的股票和期货的仿真市场，并通过该市场来研究微观机制下现象的宏观涌现，探讨社交网络环境下人工金融市场信息披露与崩盘风险之间的关系。具体可以分为以下七章：

第一章，绪论。本章介绍了本书的研究背景和意义、主要研究思路及研究内容、研究创新点。

第二章，文献回顾与理论基础。在对计算实验金融、社交网络、信息披露、崩盘风险这四个方面的理论进行概述的基础上，系统地介绍这四个

理论已有的理论模型和度量方法。

第三章，基于信息披露和社交网络的股票市场模型。针对股票市场存在的多维度信息性、信息传播渠道多样性、投资者异质性和策略多样性与动态性四个方面的复杂特征，在放宽对市场信息同质假设的基础上，通过在期望效用研究框架下引入异质股利发放信息、股利信息披露机制、投资者信息搜寻过程、信息交互网络和交互机制，以及在这些机制共同影响下的投资者决策机制、市场出清机制、策略优化机制，构造基于信息披露和社交网络的股票市场模型。

第四章，股票仿真市场信息披露与崩盘风险。本章运用 JAVA 语言编程分别获取社交网络环境下股票仿真市场信息披露与崩盘风险的相关数据，并运用 Python 进行数据分析，探讨在不同网络结构下和不同信息披露层次下股票仿真市场信息披露与崩盘风险的关系，以期对股票市场崩盘风险进行预警并开展相应的调控政策。

第五章，基于信息披露和社交网络的期货市场模型。针对期货市场存在的信息传播渠道多样性、策略多样性和动态性、交易频繁性和自发性三个方面的复杂特征，研究这些复杂特征共同作用下的市场价格动态、收益动态、效率动态。参照股市模型的构造方法，引入信息披露、信息交互网络和机制，同时提出适用于期货市场的市场出清机制和基于社会学习的策略优化机制，构建基于信息披露和社交网络的期货市场模型。

第六章，期货仿真市场信息披露与崩盘风险。本章运用 JAVA 语言编程分别获取社交网络环境下期货仿真市场信息披露与崩盘风险的相关数据，并运用 Python 进行数据分析，探讨在不同网络结构下和不同信息披露层次下期货仿真市场信息披露与崩盘风险的关系，以期对期货市场崩盘风险进行预警并开展相应的调控政策。

第七章，研究结论与展望。对全书的研究进行总结，并对下一步的研究进行展望。

本书的整体框架如图 1-1 所示。

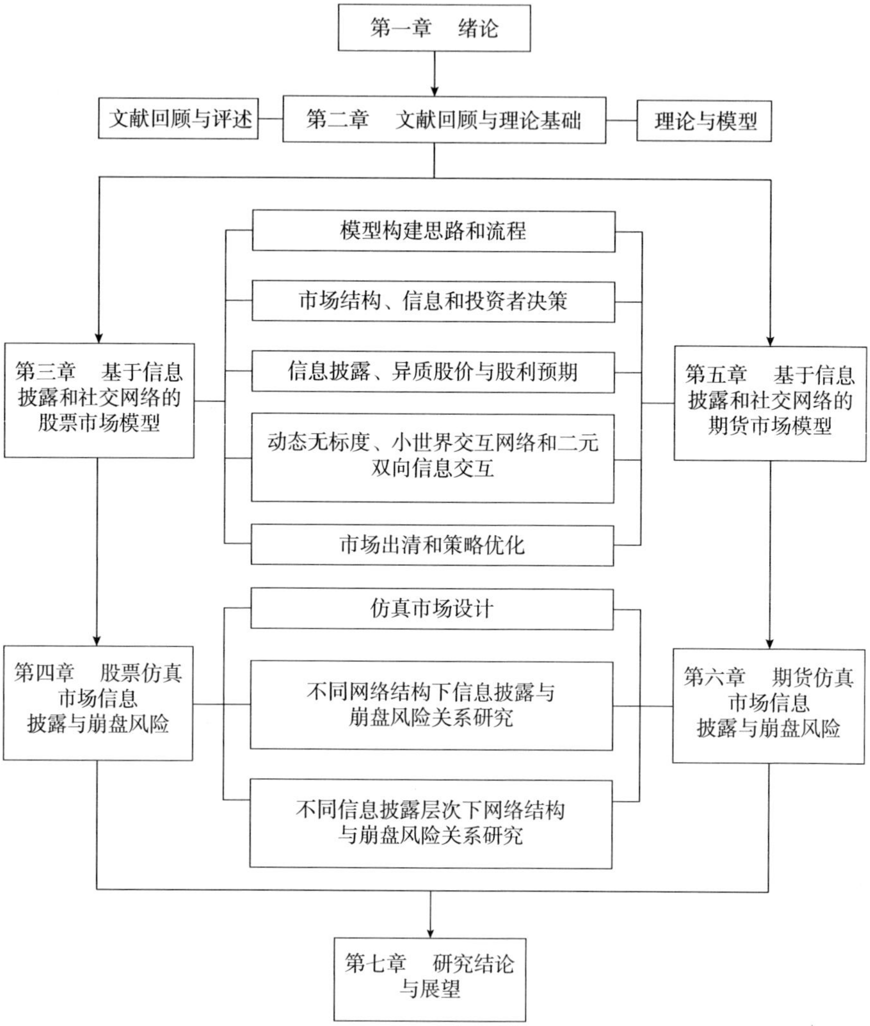

第一章　绪论

文献回顾与评述

第二章　文献回顾与理论基础

理论与模型

模型构建思路和流程

市场结构、信息和投资者决策

第三章　基于信息披露和社交网络的股票市场模型

信息披露、异质股价与股利预期

第五章　基于信息披露和社交网络的期货市场模型

动态无标度、小世界交互网络和二元双向信息交互

市场出清和策略优化

仿真市场设计

第四章　股票仿真市场信息披露与崩盘风险

不同网络结构下信息披露与崩盘风险关系研究

第六章　期货仿真市场信息披露与崩盘风险

不同信息披露层次下网络结构与崩盘风险关系研究

第七章　研究结论与展望

图 1-1　本书研究框架

第三节 创新点

本书具有以下创新点：

（1）通过对股市、期市崩盘风险规律的分析，辩证统一地解决了学术界的争议。在金融市场中，信息披露与崩盘风险之间的关系取决于不同的市场结构。也就是说，信息披露对崩盘风险的影响主要取决于不同市场结构下信息透明引起的市场效率与羊群效应之间力量的博弈。股票市场中信息干扰大，“羊群效应”小，信息披露与崩盘风险的关系主要取决于市场效率的提升；而期货市场中信息干扰小，“羊群效应”大，该关系主要取决于“羊群效应”大小。故两市场演化出了完全相反的结论。

（2）在股市模型中，构建了体现人工金融市场多维度信息的新的股利发放模型，将企业定义为股利发布及股利信息发布的主体。将股利发放的影响因素拆分成独立的子因素，单独分析每类因素的影响效果，最后进行线性加总得到企业最终发放的股利值。同时，将投资者的决策过程拆分为股价预期决策、股利预期决策及自信程度决策三方面，使用相应的方法对每一个过程进行策略的优化，充分体现了策略的多样性和动态性。

（3）在期市模型中，引入信息披露、动态信息交互网络和机制，同时提出基于社会学习的策略优化机制，构建基于信息披露和社交网络的期货市场模型。

（4）论证了股票仿真市场和期货仿真市场中社交网络环境、信息披露与崩盘风险三者的关系，以期对金融市场的崩盘风险进行预警并开展相应的调控。

（5）运用计算实验方法，在很好地解决无标度社交网络的虚拟性和小世界社交网络的地理分散性，以及投资者社交网络数据和投资者信息层次的度量数据难以获得等难题的基础上，探讨不同网络结构下和不同信息披露层次下股票仿真市场和期货仿真市场信息披露与崩盘风险之间的关系。

湖南师范大学商学院
商湘
BUSINESS COLLEGE OF HUNAN NORMAL UNIVERSITY

第二章

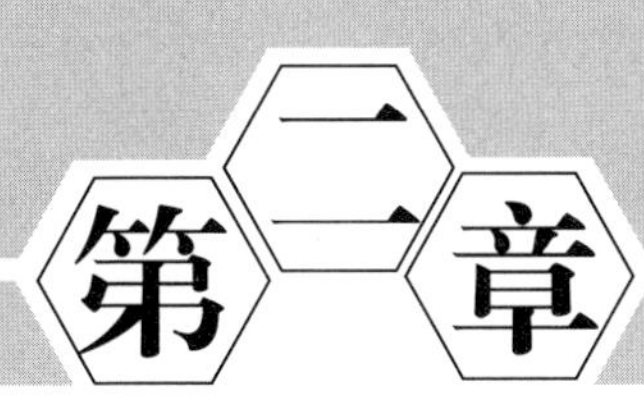

文献回顾与理论基础

本章主要从两个方面进行文献回顾和理论基础梳理：一方面，对相关文献进行回顾与评述，包括计算实验金融、社交网络、信息披露和崩盘风险四大方面的文献；另一方面，简单介绍人工金融市场、社交网络、信息披露和崩盘风险相关理论和模型。

第一节 文献回顾与评述

一、计算实验金融

计算实验金融（Agent-based Computational Finance，ACF）认为金融市场的主体是异质的，将金融市场看作是包含多个异质主体的系统，它通过信息技术对股票市场、期货市场等实际中的各种金融市场进行模拟。张维（2008）、Lebaron B.（2006）指出，通过构建人工金融市场可研究特定市场中的微观层次投资者的行为，进而揭示市场动态特性及其成因。

本节梳理了计算实验金融方法在股票市场、期权市场及其他金融市场中的相关研究成果。

1. 基于股票市场的研究

Poggio 等（2001）、喻颖（2005）、赵尚梅等（2015）、杨德成（2018）

运用计算实验方法探讨了投资者学习能力和股市异象。刘兴华和杨建梅（2007）、刘海飞等（2011）、吴炳辉（2017）基于人工股票市场分析投资者和市场的交互关系。赵帅特（2009）在人工股票市场中对惯性、长期反转、过度波动、过度联动四种金融市场异象进行了模拟并试图验证其形成的假说理论，指出构建人工股票市场这种计算实验金融的方法能够弥补传统方法的局限性，同时还能与传统方法相互协作，较大程度地提高了对复杂问题的处理能力。另外，Gode 和 Sunder（1993）、Audet 等（2002）、李悦雷（2011）、邹琳等（2013）等均通过构建连续双向拍卖的人工股票市场来研究交易制度对投资者和市场的影响。

2. 基于期权市场的研究

Ecca 等（2008）构建出跨市场异质投资者模型，该模型包含人工股票市场和股票期权市场，实验结果显示引入期权产品会使股票市场的波动性有所下降，其中投资者财富起了较大作用。Rubinstein（1994）、Bates（1991）、Suzuki 等（2009）通过计算试验方法对期权市场中的异象进行了解释。Hauser（2015）构建出了单期看涨的人工期权市场，分别从市场结构、市场预期、市场出清以及预测等方面对该人工期权市场进行了阐述。

3. 基于其他金融市场的研究

在其他金融领域，如银行信用等方面，计算实验金融也有大量应用。马国建等（2012）基于计算实验金融理论，采用数值仿真的方法来分析中小企业信用监管的演化路径。张维等（2012）基于计算实验金融的方法构建出信用卡预测模型，同时考虑消费者的消费行为与还款行为，以此来观察发卡银行在信用卡业务中期末应偿信贷总额，让发卡银行能更好地应对持卡人消费行为的变化。方立兵和丁婧（2017）对 Pouget 模型进行拓展来研究当投资者采用适应性学习规则更新信念时，订单信息的透明度与市场

的价格发现效率和福利配置效率之间的关系。结果显示，随着订单信息透明度的提高，市场效率出现较大幅度的下降，价格发现和福利配置都很难达到理性预期均衡。

计算实验金融方法提供了金融仿真市场的建模方法。本书借助该方法构建了便于研究信息披露的股市、期市仿真市场。

二、社交网络

随着互联网金融的普及，学者们对社交网络环境的建模与研究也逐渐深入。Ebel 等（2002）、雷宏振和贾悦婷（2015）、胡振华（2016）指出，Email 网络、微博好友网络、股市投资者交流网络等均具备小世界和无标度的特征，并且这些特征已被大众所熟知。近年来，一些学者开始从动态网络的角度对社交网络进行深入研究。张永杰（2011）、Wu 等（2016）、Pool（2015）以及 Wang（2017）对动态网络中的资产选择和资产定价进行了探讨。Wang 和 Shang（2015）、Bajaj 和 Sen（2014）对动态网络的性质和影响进行了多方面研究。Ganglmair（2015）、Liang 和 Guo（2015）、Heimer（2016）等通过实证研究的方法分析引入动态环境之后投资者和市场的变化。

随着社交网络环境的变迁和发展，从线上和线下的角度研究社交网络受到了学者们的广泛关注。Subrahmanyam 等（2008）、Arnaboldi 等（2012）发现线上和线下社交网络存在着交叉现象，层次组织、标度因子等属性特征极其相似。Zhang（2009）、周军杰和左美云（2012）、Filiposka 等（2016）等通过研究发现线上和线下社交网络在网络大小、连接、密度、中心化程度和强弱关系等方面存在较大区别，且线上网络和线下网络的交互对群体分化和信息共享的影响不一致。Starnini 等（2013）基于线下动态网络在随机游走的节点上加入了“吸引力”参数，构建出比之前的线下动态网络更好地呈现真实线下网络特征的新模型。Sun 等（2015）、Varga（2015）分别提出了事件兴趣共同驱动的社交网络模型和 Modified Barabasi Albert 网络模型。于凯等（2015）、Dong 等（2017）则构建出线上—线下社交网络的双层耦合网络模型、舆论演化模型和同时具备层间对称非对称的促进—抑制舆情传播机制模型。

Shiller 和 Pound（1989）、Duflo 和 Saez（2000）、Arnswald（2001）、Hong（2005）、Cohen（2008）、Frederik König（2012）、Qiu（2013）、Liang（2015）以及 Xiang（2016）等学者的投资者间社会交互影响实证研究和 Erdös P. 和 Rényi A.（1959）、Watts 和 Strogatz（1998）、Barabasi 和 Albert（1999）、Newman 和 Watts（1999）、Saramäki 和 Kaski（2004）、Perotti（2009）、Starnini（2013）、Varga（2015）以及 Arnaboldi（2016）等学者的社交网络结构理论研究推动了在社交网络环境下扩展信息披露交易模型的深入研究。目前，Hein 等（2008）、Hoffmann 等（2010）、Markose（2012）、Tedeschi（2015）等大量学者在研究社交网络环境下投资者行为时采用了计算实验和负责网络相结合的方法。

以上研究为本书在社交网络环境下扩展信息披露市场模型并开展新研究垫定了基础。

三、信息披露

在金融市场中，信息起到了至关重要的作用。Verrecchia（1990）指出，信息能够通过投资者的投资行为作为传导因素决定金融市场的价格、收益率及波动率。Jegadeesh 和 Titman（1993）通过对较短周期内股票价格变化的持续观察，发现股票市场对信息呈现出一种反应不足的现象。

由于信息在市场上起重要作用，一些学者主张信息披露具有积极影响，并因此提出了企业治理理论。Jensen 和 Meckling（1976）、Goldstein 和 Leitner（2018）、Velthausz（1996）、Petronio（2010）、Gong 和 Liu（2014）、Chen（2016）认为，对信息进行及时稳定的披露能够减少信息的非对称，降低资本成本。Hermalin 和 Weisbach（2012）、江轩宇和许年行（2015）、Bernard 等（2016）发现，信息披露在一定程度上能够让企业管理层更好地受到股东的监管，有利于企业治理。Gao 和 Liang（2011）、Tang（2014）等学者重点强调信息披露挤出了私人信息产生的负面效应。也有一些学者认为信息披露并不存在积极影响，相反的是对信息进行披露能够导致信息的非对称性上升，从而提高交易成本和市场波动性。Kim 和 Verrecchia（2001）、Goldstein 和 Yang（2017）、Goncharenko 等（2018）、Itay 和 Yaron（2018）发现当信息进行大量披露时，依赖私人信息获取收益的部分投资者会减少投资交易的概率，从而减少信息的准确性和可用性，增加信息的非对称性。Verrecchia（1990）、Schredelseker（2001）、Yosha（2004）、Gao 等（2011）、Hermalin 和 Weisbach（2012）、Edmans 等（2013）、Barani（2013）、Chen（2016）等学者也从企业治理的角度分析了信息披露所带来的弊端，认为大量的信息披露会使管理层的积极性下降，议价能力受到限制，增加企业的运营成本，并且还可能导致竞争者依据公开信息进行不利于企业的操作。

已有研究中对信息披露影响效果的认识大致分为两大类，一类认为信息披露在市场中起积极作用；另一类认为信息披露在市场中存在消极影响。本书认为信息披露的正面影响和负面影响同时存在，信息披露影响效果的差异主要取决于不同的市场结构。

四、崩盘风险

Jin 和 Myers（2006）、Kim（2011，2016）、Habib A.（2017）对崩盘风险进行了定义，他们认为崩盘是指资本市场中金融产品价格突然出现断崖式下降的金融异象，在企业中主要表现为特有的收益分配出现极端负值的概率。崩盘风险在金融市场中是一种十分常见的风险，由宏观、微观因素共同导致而成。大多数学者在研究崩盘风险的形成过程中均从企业治理的角度出发，因此本书从四个方面进行文献梳理：企业信息透明度、管理者特征、企业外部因素和企业内部因素。

第一，崩盘风险随着企业信息透明度的减少而增大。企业的信息透明度越小，管理估计隐瞒的“坏消息”就越多，而这些“坏消息”积累到一定程度时会瞬间爆发，进而给金融市场带来冲击，股市崩盘。Jin 和 Myers（2006）利用跨国企业的数据采用实证研究的方法发现，企业透明度越低，股价的崩盘风险就越大。Hutton 等（2009）、Kim 和 Zhang（2014）、陶洪亮（2011）及王冲（2013）将研究的重点放在财务报表上，发现企业的财务报表越透明，披露的东西越多，股价的崩盘风险就越小。田利辉和王可第（2017）发现，中国监管当局强制实施的信息披露政策，导致上市公司信息披露越多，崩盘风险越小。

第二，管理者特征影响崩盘风险。李小荣和刘行（2012）通过实证研究发现，管理者的性别对降低崩盘风险也有重要作用，相比男性管理者，女性管理者更低的代理成本能够减少信息的不对称程度，从而降低股价崩盘风险。Xu（2014）发现，国有控股上市企业中高管的在职消费越高，股价崩盘风险越大。王化成（2015）认为，企业的崩盘风险与控股股东的持股比例有关，持股比例越高，其就越愿意参与企业治理，企业崩盘风险也

就越低，并且加入股东的“监督效应”后，管理层隐藏的坏消息有所减少，在一定程度上能够减少崩盘风险。Kim（2015，2016）认为，管理者本身的过度自信和对管理者的期权激励都有可能对股价崩盘风险造成影响。

第三，企业外部因素与崩盘风险之间有着高度相关性。潘越（2011）和 An（2013）认为，证券分析师和机构投资者的存在使企业内部信息不对称程度得到降低，从而减小了股价的崩盘风险。但许年行等（2012）、Xu 等（2014）却认为，证券分析师和机构投资者存在的乐观偏差和“羊群效应”等心理偏差，会导致企业的信息不对称程度越来越高，增加股价的崩盘风险。另外，Hackenbrack 等（2010）、江轩宇和伊志宏（2013）、Callen 和 Fang（2015）发现审计师与管理层的合谋程度、审计师对上市企业的服务时长以及其专业胜任能力对崩盘风险也同样产生影响。An 和 Zhang（2013）发现，投资者类型将会影响股价崩盘风险，并且交易型的机构投资者其持股比例越高，崩盘风险也相应越高。许年行等（2012）研究得出，崩盘风险与“羊群效应”显著正相关，并且发现机构投资者即使增加了对 QFII 的持股，崩盘风险也并不会得到有效降低。罗进辉和杜兴强（2014）研究表明，股票市场的崩盘风险会因媒体报道而有所下降。Callen 和 Fang（2015）发现，宗教信仰与股价崩盘风险有显著的负相关关系。Hu 等（2013）、江轩宇（2013）、王化成等（2014）、褚剑和方军雄（2017）等发现相关政策制度的实施也会影响崩盘风险，一个国家上市企业的股价崩盘风险随着该国限制内部交易法律严厉程度的增加而降低；征收的税收越高，则税收与上市企业股价崩盘的关系就会越弱；政府对金融市场中投资者的保护程度越高，股价崩盘风险就越小；融资融券制度开始实行后，崩盘风险不仅没有得到有效缓解，相对还有所恶化。

第四，企业内部因素对崩盘风险有重要影响。Campbell 等（1992）、

Hutton 等（2009）和 Kim 等（2011，2015）认为，企业规模对崩盘风险有较大影响，企业规模越小，崩盘风险就越大。Kim（2011）、Xu 等（2014）认为，管理者的薪酬契约与崩盘风险也有较大关联，崩盘风险随着管理层薪资的提高而增加。Campbell（2008）和 Zhu（2016）认为，崩盘风险随着杠杆率的增加而下降。另外，梁权熙和曾海舰（2016）采用面板双重差分的估计策略，发现企业内独立董事制度的引入能够显著降低崩盘风险。

现有研究主要从企业信息透明度、管理者特征、企业外部因素、企业内部因素等方面对股价崩盘的影响因素进行研究。其中，信息透明度对崩盘风险的影响最为显著，然而从社交网络视角来探究信息披露与崩盘风险之间关系的研究尤其匮乏，故本书从社交网络和信息披露的角度考察崩盘风险的演化规律。

第二节 理论与模型

一、人工金融市场

1. 人工股票市场模型

假设人工金融市场的股票市场存在两种资产：风险资产和无风险资产。其中，无风险资产为完全弹性供给，并且支付固定利率 $R = 1 + r_f$；而风险资产在 t 时刻每股（除息）的期初价格为 P_t，风险资产的随机分红：

$$d_t = \bar{d} + \rho(d_{t-1} - \bar{d}) + \mu_t \tag{2-1}$$

式（2-1）中，$\bar{d} = 10$，$\rho = 0.95$，$\mu_t \sim N(0,\ \sigma_\mu^2)$。

假定全部所有投资者是风险厌恶者，具有相对的风险厌恶效用函数，则市场上对股票的需求函数为：

$$x_t^i = \frac{\hat{E}_t^i(p_{t+1} + d_{t+1}) - (1 + r_f)p_t}{\gamma \hat{\sigma}_{2_{p+d,\ i}}} \tag{2-2}$$

式（2-2）中，i 代表不同 Agent 的信念，r_f 代表无风险利率，γ 代表绝对风险厌恶系数。按照规则，每个 Agent 都会知道如何预测股票回报以及该预测的条件方差，假设预测在当前的价格和股息中是线性的：

$$\hat{E}_t^i(p_{t+1} + d_{t+1}) = a_j(p_t + d_t) + b_j \tag{2-3}$$

式（2-3）中，j 代表每个 Agent 选择的规则，这种受限制的预测规则以及对股票的需求形成了一个线性需求函数，设定好价格后，Agent 会更新其投资组合，并且记录交易量。

在人工股票市场模型中，市场清算并不涉及价格调整的问题，并且还存在着异质理性期望均衡。Lebaron、Arthur 和 Palmer（1999）则将均衡定价函数的参数定义为股息映射到当前的价格。这些基础都构成了该人工股票市场的关键性测试，何时以及如何收敛这种平衡？我们可以依据这些参数对人工股票市场的市场设计进行优化。

2. 人工期货市场模型

在期货市场中，市场结构的资产价值 V 被定义为 8 位 0~1 变量 ε_i 之和。信息层次 I 的投资者是指投资者被告知所有 $\varepsilon_i \leqslant I$ 的信号。每一信息层次都需要支付比上一信息层次多 0.01 的信息成本。市场上的投资者对信息的获取和掌握程度是异质的，但投资者们会形成一致的后验信念，投资者的异质性仅体现在风险偏好中，信用档次 I 的投资者 t 初始使用基础预

期策略 CV_t 作为对资产价值的预期，CV_t 如式（2-4）所示：

$$CV_t = \sum_{i=1}^{I} \varepsilon_i + 0.5 \times (8 - I) \tag{2-4}$$

式（2-4）中，ε_t 表示投资者所在信息层次被告知的信号，I 表示投资者所处的信息层次。

期货市场的策略优化是将老策略替换为使用遗传编程算法得出的最优策略，由于策略可以树形结构打开，所以树形的每一节点都可以被交叉、复制和替换。树形结构中间节点可用的运算符号有加减乘除和 IF 条件运算符号，树形结构的末端节点总是以数字或者信号 ε 结束。每次策略优化时会随机生成 1000 个基础策略 CV，CV 中的每一策略执行 10 次交叉复制替换形成多样性高的新策略组，检验这些策略在当前市场环境中的收益，收益最高的策略即为遗传编程优化得来的最优策略。图 2-1 显示了策略 CV 的替换过程。

$CV = 2.5 + \varepsilon_1 + \varepsilon_2 + 2 \times \varepsilon_3$ ➡ $CV = 2.5 + \varepsilon_1 + \varepsilon_4 + \varepsilon_3 \times \varepsilon_7$

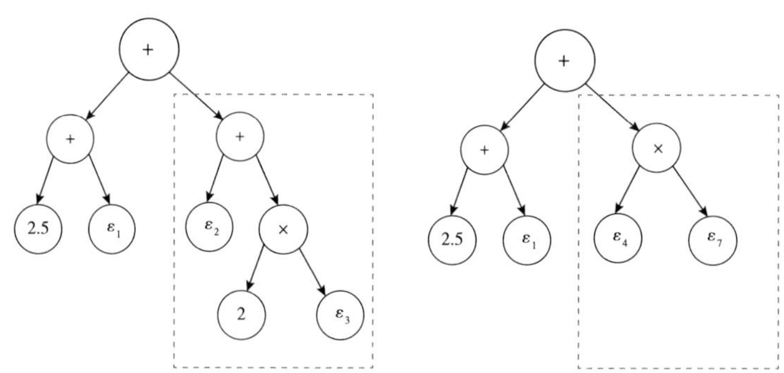

图 2-1　策略 *CV* 替换算法演示图

期货市场的市场出清是市场价格为所有投资者出价的均值，即 $P = median(CV_1, \cdots, CV_n)$。花费成本 C 购买信息层次 I 的投资者 t 的损益表可以表示为 $R_t = (V - P) \times S_t - C$。$S_t$ 为投资者交易量，当 $CV_t > P$ 时，$S_t =$

1，当 $CV_t < P$ 时，$S_t = -1$。

期货市场中的投资者决策是假设所有交易者（或称投资者）仅在单证券看涨期权市场中进行交易。每期结束，交易者需按照证券的内在价值交割并结算损益。证券内在价值 V_t 被定义为 8 位信号之和，信号 ε_i 为0~1 分布变量。

$$V_t = \sum_{r=1}^{8} \varepsilon_{r,\ t} \tag{2-5}$$

式（2-5）中，$\varepsilon_{r,\ t} \in \{0,\ 1\}$，信息层次 $I_i \in [0,\ 8]$ 表示投资者 i 在第 t 期被告知所有信号 $\{\varepsilon_{r,\ t} | r \leq I_i\}$ 的取值。根据此定义，高信息层次的交易者能够知道所有低信息层次的交易者获知的信息。交易者的预期策略 CV_i 与购买的信息层次 I_i 息息相关。$I_i = 0$ 为随机交易者，他们无任何资产价值信息，使用随机交易策略交易，又称为噪声交易者。$I_i = 8$ 的交易者知晓全部资产价值信息，又称为内幕交易者。交易者初始均使用如式（2-1）所示的基本价值预期策略，随着策略优化的进行，CV_i 的数学形式会转化为由信号 $\varepsilon_{r,\ t}$ 及常数、加减乘除算子和 *if* 条件算子连接而成的其他复杂多样的形式。

二、社交网络

社交网络模型的构建是基于对网络模型的研究。网络是一种大量的边通过端点之间接触所形成的图结构，由节点和节点连接而成。网络理论的三个发展阶段分别为规则网络阶段、随机网络阶段和复杂网络阶段。数学领域拓扑科学的深入研究和图论的发展使规则网络理论开始出现，为通过网络模型对现实系统进行更好的仿真提出了以图论为基础的复杂网络的建模，通过图结构中节点及边的动力学拓扑属性进行计算来度量复杂网络（Costa L. F. et al.，2005）。复杂网络中的三大重要理论分别是：小世界理论、无标度理论以及社交网络中弱连接的理论。在投资者的社交网络中，节点为单个投资者，边为投资者之间的交流渠道，有边进行连接的两个节点互为邻居节点（王筱莉等，2015）。本节首先概述复杂网络结构的属性以及其基本性质，其次介绍一些复杂网络模型的特点和构造算法并进行对比分析。

在复杂网络模型中，网络图中单个节点所连接的线段的数目被称作该节点的度，而能够描述所有节点度的分布情况被称为度分布，是关于度的概率分布函数，常见的顶点度分布有泊松分布、幂律分布以及指数分布等。复杂网络具有平均路径长度和群聚系数、中心性和介数的特征。另外，利用一些拓扑属性来对复杂网络模型进行描述，比如它的度相关性、连接耗费、相配性系数等特征均需要根据无标度性等基本属性来计算。因此，对于现实生活中的复杂网络，都可根据拓扑属性相关计算得出。

最早的规则网络理论认为是规则图形形成了网络模型，而之后的随机网络模型理论（Erdos P. & Rényi A.，1959）则认为在现实的网络系统中网络是完全随机的。复杂网络理论则认为网络模型既不是完全由规则图形组成，也不是完全随机的。复杂网络理论中的小世界网络模型（Watts & Strogatz，1998）通过调整规则网络中随机性的演化算法发现，现实网络在完全规则和完全随机之间，其平均路径长度远小于规则网络，聚类系数远大于随机网络，具备与随机网络和规则网络都不同的拓扑属性。无标度网络模型发现，WWW 网络的度分布服从幂律分布，标度不变，并不像随机网络图那样服从泊松分布。本节接下来将主要介绍规则网络、随机网络、小世界网络和无标度网络。

1. 规则网络

规则网络是指网络模型中的各个节点依据确定的规则连接而成，用来模拟现实世界中的各个系统的相关关系。规则网络由大量基本单元组成，是网络节点和边通过一些确定性的基本形式组成。规则网络的拓扑属性表现为：各个节点的度分布和群簇系数相同；平均度与网络节点个数无关；平均的路径长度和网络节点之间的个数成正比关系，当网络结构较大时，平均路径的长度也会较大，它的聚类系数也一样，但它们的大小与节点个数是没有关系的。

规则网络中最简单的网络模型为最邻近耦合网络，由一些节点组成圆环，每一个节点只和它邻近的几个邻居节点相连接，如图 2-2 所示。其他典型结构还有一维链式结构和二维欧几里得网络，一维链式结构与最邻近耦合网络的生成规则类似。

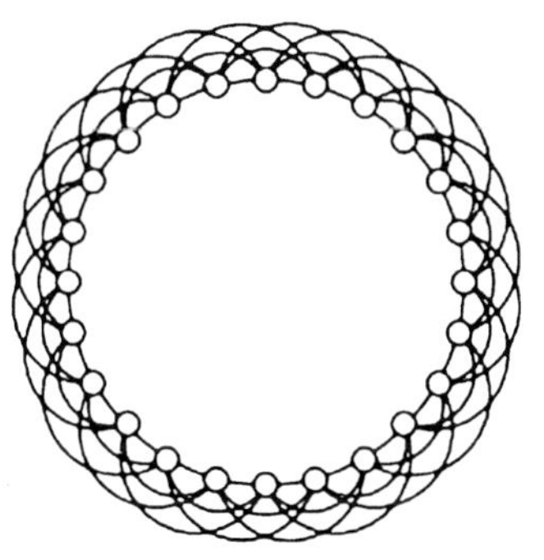

图 2-2 最邻近耦合网络模型

2. 随机网络

随机网络是指网络中各个节点通过随机的形式而不是规则网络中确定性的方式进行连接，由 N 个节点组成，每个节点都以 P 的概率与其他节点进行连接，如图 2-3 所示。西班牙数学家 Erodos 和 Renyi（1960）在图论的基础上加入概率学方法提出了随机图理论，之后随机图理论发展成为 ER 模型。

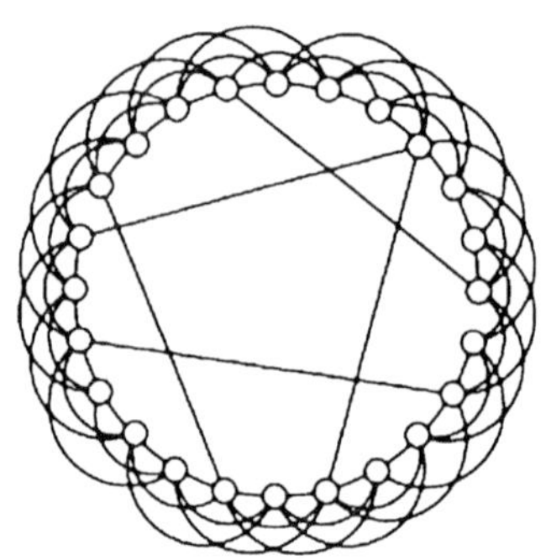

图 2-3　随机图网络模型

在 ER 模型中，度分布、平均路径长度和群簇系数的相关特征属性为：

（1）平均度服从二项分布。由于各个节点之间的连接概率相同均为 P，因此度分布 $P(k)$ 将服从 $B(N-1, p)$ 二项分布：

$$P(k) = C_{N-1}^{k} p \left(1-p\right)^{N-1-P} \tag{2-6}$$

而当 N 趋向于无穷大时，度分布 $P(k)$ 服从泊松分布：

$$P(k) = \langle k \rangle^{k} / k!\ e^{-\langle k \rangle} \tag{2-7}$$

其中 $\langle k \rangle$ 表示平均度：

$$\langle k \rangle = p(N-1) \approx Np \tag{2-8}$$

（2）平均路径长度短且以对数的形式增长。用 l_{rand} 表示平均路径长度，$l_{rand} \sim nN/\ln\langle k \rangle$ 可用来估计随机网络的平均路径，其中 N 表示随机网络的总节点数。

（3）N 趋于无穷大时群簇系数趋近于 0。在随机网络中各个节点之间连接的概率均为 P，也就是说随机网络的群簇系数等于概率 P，约等于平均度与网络总节点数的比值：

$$C_{rand} = p \approx \frac{\langle k \rangle}{N} \tag{2-9}$$

式（2-9）中，C_{rand} 与 N 成反比例关系，表明真实世界网络中的群聚

特性不能很好地被随机图模拟出。

3. 小世界网络

对规则网络和随机网络进行研究可以发现，在聚类系数特征方面，规则网络与现实系统更加吻合，而在平均路径长度方面，随机网络能更好地刻画现实系统，现实网络实际上是结合了规则网络和随机网络的特性。

Watts 和 Strogatz（1998）同时考虑了规则网络理论和随机网络理论，基于规则图加入了随机理论，提出了小世界网络模型（WS 模型）。小世界网络模型同时具备规则网络理论中的大聚类系数特征和随机网络理论中的小平均路径长度特征，其具体特征属性具体表现为：一是平均路径长度较短，各个节点之间的平均距离与连接数量成反比。小世界网络模型的平均路径长度为 L，通过 $L \sim \ln(N)/\ln(K)$ 可以估计出来。二是群聚系数较大。当 p 趋近于无穷大时，群聚系数为 $C(0) = 3(K-1)/4(K-1)$，即当重连概率 P 不断增大时，群聚系数也将不断增大。三是度分布接近于轻尾的泊松分布。

小世界网络模型（WS 模型）的构造算法略微复杂，主要依循规则性和随机性原则。首先为规则性，将 N 个节点进行连接组成环形网络，每个节点都与其两边各 $K/2$ 节点相连，并且要求 $N \gg K \gg \ln N \gg 1$，以期达到小世界网络模型的连通性和稀疏性。其次为随机性，小世界网络模型中的任意两边都以相同概率 P 随机进行重连，其中任意一条边的一个端点固定，另一个端点随机重连，没有自连和重连的其他情况。

如图 2-4 所示，小世界网络模型兼具规则网络和随机网络的特性。当概率 P 为 0 时，小世界网络模型表现为规则模型。当概率 P 为 1 时，小世界网络模型中的各边以随意规则相连，表现为随机网络模型。当概率 P 为 0~1 时，小世界网络模型同时包含规则网络模型和随机网络模型的特征，一方面重连规则使得任意两个节点之间的距离不再是原规则网络中的最短距离，引入重连之后的直线在很大程度上能够减少节点特征路径长度，被称为捷径；另一方面捷径对网络中群聚系数的大小没有影响。

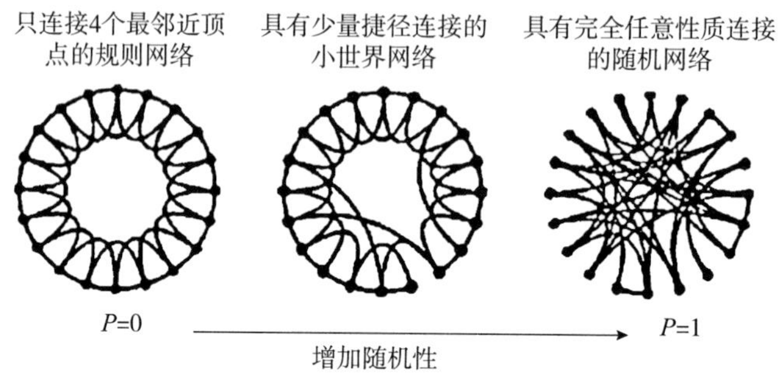

图 2-4　小世界网络模型

4. 无标度网络

小世界网络虽然包含了随机网络和规则网络的特性，能够很好地模拟出真实系统，但从节点的分布来看，无论是随机网络还是小世界网络，其节点都服从泊松分布，也就是节点呈现均匀或指数形式，但在现实世界的真实系统中，网络中的节点其实是幂律分布。Barabasi 和 Albert（1999）认为，网络系统中存在着节点增长和偏好连接这两个基本机制，而在真实网络中，网络的增长也主要是通过节点的不断增加来实现的，并且是依据偏好连接的。依据该理论，通过演化可得出网络的度服从 $P(k) \sim 2m^2k^{-r}$ 的分布，被称为无标度模型。在无标度模型中，网络节点处于无标度状态，幂律指数与节点个数无关。

小世界网络模型主要讨论系统的随机性和确定性，无标度网络模型更多的是基于真实网络的特性来构建模型，因此其所具备的特性为：

一是存在严重的异质性，大多数节点的连接较少，而少数被称为 Hub

点的节点却有非常多的连接，这少数 Hub 点对无标度网络的运行有重要的影响作用。

二是具有重尾特性的幂律分布。从模型上可看出无标度网络中的度分布 $\{p(k)\}$ 具有幂律分布的重尾特性，其中 γ 为无标度指数，从其数学形式上可以看出，幂律分布是具有重尾特性的网络，这一特征也就保证了少数节点能有大量的边与其相接，该现象的出现是网络生成时采用择优选择规则的必然结果。

三是同时存在鲁棒性和脆弱性，具体表现为出现随机故障时存在鲁棒性，出现蓄意攻击时存在脆弱性。无标度网络中存在着少数拥有非常多节点的 Hub 点，这些 Hub 点面对随机的故障时有较大的承受能力，而面对蓄意攻击时则显得十分脆弱。鲁棒性和脆弱性的同时存在对无标度网络的容错能力和抗攻击能力的影响较大。

四是具备短路径和簇系数偏小的特征。无标度网络模型中，平均路径长度 $l \sim \ln N/\ln\ln N$ ，簇系数 $C \sim N^{-0.75}$ ，当节点个数 N 趋于无穷大时，平均路径长度趋向于 0。

三、信息披露

信息披露是投资者和公众获取企业信息的渠道。信息披露的方式主要为上市企业发布临时公告和定期公告，投资者依据公开披露的信息进行投资决策，因此全面及时的信息披露是十分关键的。信息披露理论主要研究资本市场中交易者的异质信念以及异质信念所导致的逆向选择和动态特征两个方面。在信息披露模型中考虑逆向选择的问题能够预测交易者的策略行为，而考虑模型的动态特征，则可以解释变量的动态调整过程和经济结果，接下来将对几个代表性的信息披露模型进行分析。

1. Schredelseker 模型

Schredelseker（2001）通过模拟出一个单期单证券的市场，来研究信息披露对投资者收益和市场效率的影响。Schredelseker 模型的基本假设为：该证券内在价值是由 11 个硬币所显示的值 0（代表正面）或 1（代表反面）之和组成；投资者在每期交易开始前都能知道确定数量的硬币所显示的值和噪声项。投资者的信息层次可通过获得的硬币数量来表示，即若投资者获得了 n 个硬币的值，则其信息层次为 I_n，并且信息的层次是累进的，即 $I_{n-t} \in I_n$ 对所有 $n > y > 0$ 都成立。市场中仅有 10 个投资者，投资者 i 的信息层次为 I_n，则该投资者对资产内在价值的预期为：

$$E_i(V) = x + 5.5 - n/2 + d_i\varepsilon \tag{2-10}$$

式（2-10）中，V 是投资者对资产内在价值的表示，x 为投资者 i 获知的 n 个硬币值的和，$5.5 - n/2$ 为投资者 i 对自己未知的硬币所显示的值的预期，ε 为随机噪声项，d_i 表示投资者理解能力的非零常数。风险中性的投资者会完全按照预期提交订单：$E_1(V) \cdots E_{10}(V)$。市场价格 P 是市场所有订单的中间值，$P < E_i(V)$ 时投资者会购买该证券，$P > E_i(V)$ 时投资者会卖出证券。买方损益为 $G_{buy} = V - P$，卖方损益为 $G_{sell} = P - V$。该模型说明了企业披露信息的多少（即公众信息的多少）对不同信息层次投资者的收益和市场效率的影响。

2. 信息成本模型（CG 模型）

Bagehot（1971）提出了信息模型的起源，强调了信息在市场价格中的重要作用，认为价格不再由交易成本来决定，而是由信息形成。该模型对市场收益与交易收益进行区分，认为短期内价格上涨时，收益表现为市场收益，而从长期来看，价格涨跌不定，受信息成本的影响，投资者所能获得的交易收益低于市场收益，出现损失的原因是信息劣势，而一些做市商

可以参与所有交易，他们在信息的获取上具备明显的优势。

Thomas 等（1983）首先定义了信息成本，为研究做市商的信息对价格的影响构建出了资产定价模型。该模型的基本假设是市场中唯一的风险，即中性的代理商，代理商和交易商交易时做市商可在实时报价系统中随时自行报价。证券价格为 P ，知情交易商进行委托交易的概率是 π_1 ，不知情交易商进行委托交易的概率是 $1-\pi_1$ ，知情交易商以追求利润最大化为目标。在交易市场中，不知情交易商买入股票的概率是 π_{BL} ，卖出股票的概率是 π_{SL} ，不交易的概率是 π_{NL} 。基于此，可计算出做市商的亏损为：

$$\int_{-P_\Delta}^{\infty}(P-P_A)f(P)+\int_{0}^{P_B}(P_B-P)f(P)d(P) \tag{2-11}$$

式（2-11）中，P_B 、P_A 分别为代理商买、卖证券的价格。反之，做市商在交易商不知情时的预期收益为 $\pi_{BL}(P_A-P)+\pi_{SL}(P-P_B)+\pi_{NL}(0)$ 。该模型能够很好地表现信息对证券交易的影响，但由于在分析代理商的决策问题时只考虑了简单的平衡盈亏，因此只适用于静态的单笔交易。为深入研究信息对证券交易的动态影响问题，Glosten 和 Milgrom（1985）及 Easley 和 O'Hara（1987）提出了信息的"信号"这个概念，信息不对称时，不知情的市场参与者可通过知情交易商进行持续交易来对隐含信息进行推测。

3. 非均质信息模型（DHS 模型）

Daniel 等（1998）为研究信息对投资者投资行为的影响提出了 DHS 模型，认为投资者主要可分为两类：有信息和无信息。有信息投资者由于掌握信息优势因此能对证券资产定价产生重要的影响作用，但同时也会因为信息优势产生过度自信和自我归因等判断偏差。相反，无信息投资者既不会对资产定价起作用，也不会因此产生偏差。掌握信息的投资者所存在的自我归因偏差会使投资者将成功原因归结于自己本身的高能力，将失败原因归结于外在噪声，从而造成短期内的惯性效应和长期的反转效应，而所存在的过度自信偏差会使投资者面对市场信息时出现过度反应。

DHS 模型的基本假设是：知情投资者是风险中性的，不知情投资者是风险厌恶的。不知情投资者的证券价格受到风险中性的知情投资者投资行为的影响。投资期限为 0~3，即四个时期，为达到最优的风险转移，投资者会在期初也就是 0 时期进行交易，1 时期时知情投资者获得带有噪声的私人信息，并利用私人信息与不知情投资者进行交易，2 时期时带噪声的公开信息的出现使知情投资者与不知情投资者的交易更进一步，3 时期时具备结论性的公开信息的出现大大促进了证券市场的交易。在这四个阶段中，所有变量都是独立正态分布。

在这四个时期中，从知情投资者的角度来说，期初知情投资者只是依据私人信息进行交易，并不存在过度自信偏差。但心理学认为个体的信心被心理及行为影响，当个体观点行为被证实后其信心会增加，不被证实时个体会将原因归结于外部因素从而信心只会略微减少或不变。因此，证券市场具体表现为：当知情投资者在期初依据个人信息进行的交易策略被公开信息证实时，该投资者的信心会急速增加。反之，如果与公开信息相悖时，知情投资者会将失败原因归结于外部，其自信心也只会少量下降或不变。由此可以发现，公共信息的披露能够显著提高投资者的自信程度从而导致市场出现反应过度，但从长期来看，随着公开信息的增多，证券价格会慢慢收敛于其内在价值逐渐修正最初市场上的过度反应。而从市场上出现过度反应到慢慢收敛于内在价值的过程，存在一个平缓的过度反应及修复阶段，在这个阶段，价格和收益处于正向关系，但在最高值与最低值两端却呈现负相关关系，若这种负相关性较弱，则收益和价格之间是正向关系，但从长期来说，价格滞后期一般会超过转换期，则收益和价格之间呈

负相关性。

4. 统一理论模型（HS 模型）

Hong 和 Stein（1999）提出了统一理论模型（HS 模型），主要分析价格在中短期内的反应不足和长期的反应过度，在该模型中投资者可分为两类：动量交易者和消息观察者，被假设为是有限理性的，也就是面对可得信息时只对其中一个子集进行处理。动量交易者只依据近期证券价格信息做出交易决策，没有考虑证券基本价值。消息观察者主要依赖自身所获得的有用的私人信息做出交易决策，不依赖于过去的证券价格信息，其所获得的私人信息是逐步获得的，并不是快速一次性获得的。

期初，新消息出现后消息观察者反应较慢，对私人信息反应不足，使价格有了上升的动能，动量交易者会进行套利，但是由于其采用的套利策略只是依赖于过去两期的证券价格变化在当期进行交易，十分简单并且有限，所做出的接触判断不够准确，会造成反应过度，加速价格的变化，所以从长期来看，价格出现反应过度的状态。

该模型的重点在于动量交易者采取的简单的套利交易策略。期初时交易者会获得源源不断的信息，采取简单的跟随策略也能获得利润，但到了中后期利润已经高于长期均衡价格，仍采取这种简单的策略便会产生亏损，因此可以看到，早期的动量交易者给中后期的动量交易者施加了一个负的外部性。实际上，应当采用动量交易策略的情形是：股票价格没有反映出基本面的利好消息。

四、崩盘风险

Jin 和 Myers（2006）认为，崩盘是指资本市场中金融产品价格突然出现断崖式下降的一种金融异象，崩盘风险更多的是管理层故意隐瞒“坏消

息”造成的，这些“坏消息”积累到一定程度时会突然释放，造成股价崩盘，对金融市场带来冲击。股价崩盘可以反映出一国资本市场的不完善、资源配置效率的低下以及较慢的信息传导速度，给金融市场稳定向好的发展带来极大的阻力。

崩盘风险在资本市场中十分普遍，并且影响范围较大，受到了资本市场参与者的广泛关注。“崩盘”是指在资本市场中，金融产品价格出现的突然性的暴跌现象（Hong & Stein J. C.，2003）。从企业角度来看，具体表现为由于收益回报等的调整，特有收益分配出现极端负值的概率（Jin & Myers，2006；Kim，Li & Zhang，2011，2015；Habib A. et al.，2017）。

借鉴 Chen 等（2001）、Jin 和 Myers（2006）、Hutton 等（2009）、Kim 等（2001，2015）、An 和 Zhang（2013）、Callen 和 Fang（2015）、许年行等（2012）、李小荣和刘行（2012）、叶康涛等（2015）、褚剑和方军雄（2016）的研究，企业层面的崩盘风险度量指标如下：

一是负收益偏态系数（$NCSKEW$）和收益上下波动比率（$DUVOL$）。首先使用个股周收益率对市场周流通市值加权平均收益率进行回归估计：

$$r_{j,\tau} = \alpha_j + \gamma_{1,j} r_{m,\tau-2} + \gamma_{2,j} r_{m,\tau-1} + \gamma_{3,j} r_{m,\tau} + \gamma_{4,j} r_{m,\tau+1} + \gamma_5 r_{m,\tau+2} + \varepsilon_{j,\tau} \tag{2-12}$$

式（2-12）中，$r_{j,\tau}$ 是公司 j 的股票在第 τ 周的收益率，$r_{m,\tau}$ 是第 τ 周的市场周流通市值加权平均收益率。由于非同步性交易，故在模型中加入了市场收益率 r_m 的滞后项和超前项（Dimson，1979）。残差项 $\varepsilon_{j,\tau}$ 为个股收益未被市场所揭示的部分，当 $\varepsilon_{j,\tau}$ 为负且绝对值越大，个股收益与市场收益相背离的程度越大。公司特定周收益率为 $W_{j,\tau} = \ln(1 + \varepsilon_{i,t})$ 。

因此，负收益偏态系数（$NCSKEW$）的计算方法为：

$$NCSKEW_{j,\tau} = -\left[n(n-1)^{3/2} \sum w_{j,\tau}^3\right] / \left[(n-1)(n-2)\left(\sum w_{j,\tau}^2\right)^{3/2}\right] \tag{2-13}$$

式（2-13）中，n 为股票 i 在第 t 年中交易的周数。

收益上下波动比率（$DUVOL$）的算法为：

$$DUVOL_{j,\tau} = \log\left\{(n_u - 1)\sum_{Down} w_{j,\tau}^2 / (n_d - 1)\sum_{Up} w_{j,\tau}^2\right\} \tag{2-14}$$

式（2-14）中，$n_u(n_d)$ 为股票 i 的周回报率高于（低于）当年回报率均值的周数，收益上下波动比率反映出股票收益的非对称波动。

两者与崩盘风险均是正相关关系，即负收益偏态系数越高或收益上下波动比率越大，股价崩盘风险越高。

二是隐含波动率。Kim 和 Zhang（2014）将隐含波动率作为感知崩盘风险的代理变量，并通过金融报告质量和会计报告质量的检验。他们所提出的隐含波动率合约是基于期权市场上期权价格所隐含的波动率：

$$IV - SKEW = IV^{OTMP} - IV^{ATMC} \tag{2-15}$$

式（2-15）中，IV^{OTMP} 表示基于看跌期权 OTM 的隐含波动率，IV^{ATMC} 表示基于看涨期权 ATM 的隐含波动率，隐含波动率（$IV-SKEW$）为这两者的差值。

第三节 已有研究评述

综上所述，计算实验金融已经在金融领域广泛运用，它不仅克服了实验经济学中只能对实验机制的有效控制，而不能对实验主体行为有效控制的局限，使实验结果更加具有客观性，并且很好地解决了无标度动态网络虚拟和小世界动态网络地理分散，以及已有投资者动态网络数据和度量投资者信息层次的数据难获得等难题。已有对于信息披露与崩盘风险相关关系的研究有两种主流观点，即正向关系理论和负向关系理论。那么，崩盘风险的形成主要是由负向消息的隐藏所导致的。从已有研究中可探寻信息披露可能存在的某个阈值，当披露信息低于该阈值时，信息披露的积极效应更加明显；当披露信息高于该阈值时，信息披露负面效应更加显著。随着社交网络环境的复杂化和交错化，监管当局应该根据金融市场新环境的变化，加强新媒体时代下社交网络的信息披露的金融监管，增加其抗攻击能力，引导信息披露的正向发展。

身处网络时代的个体获取信息和观察他人行为的学习途径很多，投资者交易策略的改变不仅来自自我学习与进化，还来自其他投资者投资策略的交流和社会学习行为。现有模型研究没考虑投资者间的社会交互行为，使研究结论在动态网络新环境下不再具有指导意义，并且已有研究主要是单独分析线下社交网络结构或线上网络结构，缺少同时对线上、线下网络环境建模并进行对比分析。

因此，在放宽市场信息同质假设的基础上，引入社交网络、信息披露、投资者信息搜寻过程、信息交互网络、信息交互机、社会学习等机制构建新模型，运用计算实验金融方法将市场结构、投资者决策、信息披露、信息交互网络和机制以及市场出清和策略优化这些微观机制聚合成人工金融市场，分别在固定社交网络结构下研究可变的信息披露与崩盘风险的关系，以及在固定的信息披露层次下研究可变的社交网络与崩盘风险的关系显得尤为重要。

第四节
本章小结

本章在对计算实验金融、社交网络、信息披露和崩盘风险四个方面的理论进行概述的基础上，系统地介绍了这四个理论已有的理论模型和度量方法。通过阐述这四个方面的相关理论，展现了这四个领域的研究现状，其中有关模型的理论，对于本书模型的构建和人工金融市场中信息披露与崩盘风险关系的研究具有很大的启发和借鉴作用。

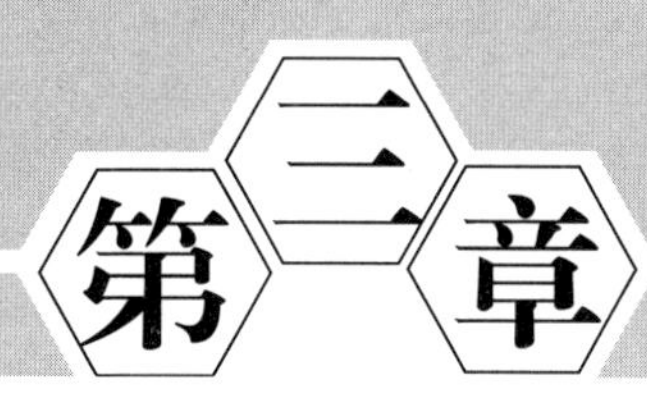

第三章 基于信息披露和社交网络的股票市场模型

传统的股市模型主要研究信息披露投资者的不同策略偏好，并且一般假定市场信息是同质化的，即投资者对信息的获取和理解程度相同，或者简单地将投资者分为内幕交易者和噪声交易者两大类。本章在放宽市场信息同质假设的基础上，在期望效用研究框架下引入异质股利发放信息、股利信息披露机制、投资者信息搜寻过程、信息交互网络和交互机制，以及在这些机制共同影响下的投资者决策机制、市场出清机制、策略优化机制，构造了基于信息披露和社交网络的股票市场模型。

第一节 模型构建思路和流程

构建股市模型的目的是要探索股票市场的运行规律和演化规律，对市场中可能发生的风险因素进行预警并开展相应的调控政策。因此，股市模型的构建首先要从市场基本规律出发，考虑市场各要素之间的相互关系。已有研究从不同的研究视角出发，在不同的特性和应用背景下，基于市场基本结构、投资者行为决策规律、价格形成机制、市场演化机制这些通用要素构建不同类型的股市模型，但这些模型都只关注了复杂股票市场的某个方面。本章在已有研究的基础上，从股利结构、信息成本结构、市场信息发布和搜集、投资者之间的信息交互、投资者决策规则、市场出清机制以及投资者收益的评判、策略和信息交互网络结构的优化这些微观结构出发构建市场框架，并将这些微观结构从整个市场系统中抽离出来，运用数学公式对其进行描述，加以模型化，进而量化分析由这些微观机制共同作用而涌现出来的复杂的宏观现象。

股票市场的复杂性是本章构建股市模型重点关注和思考的问题。股市的复杂性体现在如下四个方面：

一是信息的多维度。本章按照股市信息的来源不同，将其归为原始信息和二手信息两大类。原始信息是指由企业、市场发布的，描述客观事实的一些基本数据，如历史股价数据、历史交易量数据、历史股利数据、股息发放信息等，投资者获得这类信息后需要对其进行处理以形成相应预期，最后才能够指导投资决策。二手信息是指原始信息经过投资者、企业，或者其他市场主体加工处理后的信息，主要有预期信息、需求信息等，掌握这些信息能够很好地判断大盘走势及市场情绪，从而占据优势地位。

二是信息传播渠道的多样性。股市中的信息传播渠道不是闭塞的，仅考虑市场信息发布的单一信息传播渠道模型无法真实地刻画出股市中信息传播渠道的多样性。投资者不仅能够获取市场发布的公共信息，还能通过付出成本从市场中获取内幕信息，也能从社交网络中获取其他投资者的私有信息。

三是投资者的异质性。股市中投资者的预期、需求、出价等行为是市场运行和价格动态形成的基本动力。不同投资者由于信息、资产、能力、偏好、社交网络等的异质性，其表现出来的市场行为也会有所差异。这些差异的存在，使市场的价格和交易动态呈现出复杂多样的动态特征。刻画投资者在市场运行中的异质性有助于更好地理解股票市场的复杂动力学特征。

四是策略的多样性与动态性。由于不同投资者的决策受到多方位因素的影响，策略差异很大，即使是同一投资者，在不同时期、不同信息集、不同交易环境下所使用的策略也不尽相同。市场中投资者预期策略的形式多种多样，可以是简单易用的线性形式、指数形式，也可以是函数形式或其他更复杂的形式。同时，投资者的预期规则也是时变的，投资者会根据收益和预期精度动态地对预期规则进行调整。策略的多样性和动态性使股票市场的复杂化程度进一步提升。

针对现实股票市场上存在的以上四个方面的复杂性特征，本章将对传统股市模型进行优化处理。第一，将股利生成模型扩展为新的股利发放模型，从而体现出多维度信息。本章将企业定义为股利发布及股利信息发布的主体，引入信息层次的概念来表征投资者获取的股利发放信息量，并将获取相同股利发放信息的投资者置于同一信息层次。企业期初可以选择主动公开股利发放信息，也可以选择不公开该信息，留待期末股利发放时公开。第二，针对信息传播途径的异质性，本章将信息传播渠道分为市场发布、投资者搜寻和社会交互三种，其中投资者从市场发布和社会交互两个渠道获取的信息不需要支付信息成本，而投资者主动搜寻的信息则需要付出额外的信息成本。第三，鉴于不同的信息传播渠道下市场的资源配置效率不同，也会形成不同的资产价格动态，本章根据投资者组成的社交网络结构的不同，将社交网络分为线下社交网络和线上社交网络。第四，对于投资者异质性，本章使用财富、风险厌恶程度、信息异质程度、预期策略、影响力系数、自信程度系数来刻画。第五，对于策略的多样性和动态性，本章将投资者的决策过程拆分为股价预期决策、股利预期决策及自信程度决策三个方面，每一个过程使用相应的方法进行策略优化。

另外，股票市场的市场出清和价格形成机制是构建股市模型时需要重点考察的另一主要对象。不同的价格形成机制能够对市场的价格动态产生巨大的影响。真实股市环境中，市场上往往存在着多种并行运行的价格形成机制，如基于指令驱动的集合竞价、连续竞价，报价驱动的做市商定价。如果仅通过市场供求关系求出均衡价格，无法充分展示市场的流动性，也无法反映出价格形成机制的不同对市场价格的影响，无法真实刻画出投资者所面临的市场环境。只有将市场中真实存在的价格形成机制引入本章新构建的模型中，再结合股市的其他复杂特征，才能够真实地刻画出股票市场的流动性形态。

第二节 市场结构、股利发放信息和投资者决策

一、市场结构

借鉴传统资产定价模型设计方式，本章也假定市场上有两类资产，一类是无风险资产，完全弹性供给，定期支付的无风险收益为 R_f；另一类是风险资产即股票，风险资产的市场价格用 P_t 表示，总供给为 Z。

传统资产定价模型中，股利服从一阶自回归过程，可以将股利表示为：

$$d_t = d + \rho \cdot (d_{t-1} - d) + \varepsilon_t \tag{3-1}$$

式（3-1）中，d 为固定股利部分，ρ 为固定常数，ε_t 为随机项。本章将

这一过程定义为股利生成过程。

投资者投资股票市场时的基础获利方式有两种。一种是进行基本价值投资，即投资者看好企业的未来现金流，购买该企业的股票后就长期持有，靠企业定期支付的股利获利。另一种是短期逐利性投资，从投资者异质预期所带来的市场价格波动中套利，通过低买高卖来赚取差价。无论哪种获利方式都离不开资产价值信息，投资者会根据其所获得的信息进行决策，市场价格会根据新信息的发布而进行相应的调整。基本价值投资需要对企业的股利相关信息有较全面的了解，短期逐利性投资需要对价格的历史波动信息和市场上大多数投资者对资产价值的预期有足够的了解。历史价格信息、股利信息、投资者预期信息是影响资产价格动态的主要因素。市场中，投资者由于在自身禀赋、理解能力、信息渠道、风险偏好、决策偏好，以及资本金和自信程度等方面的差异很大，所以投资者间理解和运用信息的异质程度较大。本章将信息分为公开信息和非公开信息。一般情况下，市场的历史价格信息属于公开信息，而股利信息和投资者的预期信息属于非公开信息。获得的非公开信息越多，投资者就越能够占有主动地位，从而能够更好地获利。鉴于非公开信息在股票市场中所占据的重要地位，本章将其纳入股市模型中。传统的市场模型对股利信息往往使用简单二分法处理，即将投资者简单地分为内幕投资者和噪声交易者，其中内幕投资者获知全部的股利信息，而噪声交易者获知与股利无关的噪声信息。这种处理方式无法体现出信息量的作用，难以量化研究不同信息量对投资者收益和策略所带来的影响效果。传统市场模型中，投资者间无信息交互的设定使投资者无法从宏观上把握市场大部分投资者的预期（或称市场情绪）。但这些设定本质上使市场满足了“价格完全反映信息”这一有效市场假说。已有不少研究论证了该假说与现实市场不符，是理想化下的市场均衡状态。因此，本章先对传统模型中股利的生成过程进行改造，构建股利发放模型来更好地刻画市场中的信息不对称程度，再通过信息交互网络和交互机制的构建来完成信息从发布到传播再到生效的全过程。

本章假定风险资产定期支付股利 d_t，支付过程为：

$$d_t = d + \nu_t \tag{3-2}$$

式（3-2）中，d 表示基准股利值，为常数值，不随时间变化；ν_t 表示决定当期股利的因子。本章将这一过程定义为股利发放过程。

与式（3-1）中 ε_t 值类似，ν_t 也是一个随机变量，是股利动态变动的主要因素。与 ε_t 不同的是，ν_t 是完全由企业掌控的变量，其随机性既包含企业内部因素和市场环境因素的双重随机性影响，也包含企业决策过程的随机因素。这一设计的优越之处在于将原本随机性不由企业主导的股利生成模型构建成了完全由企业决定和控制的股利发放模型。本章缩减了股利发放的不确定性，即作为企业的负责人和高管，总能提前知晓企业的股利发放。在股利生成模型中，固定股利支付部分 d 是市场已知的，ρ 为未知参数，ε_t 在第 t 期末由市场决定，没有投资者能够提前知晓确切的最终的股利发放，企业被动地遵循股利发放规则，仅在第 t 期末知晓该期股利并公示。在股利发放模型中，股利完全由企业决定，股利发放信息随着时间的推移在第 t 期中不断清晰明了。第 t 期末，企业完全公示所有的股利发放信息，并根据这些信息决定最后发放的股利。为了解释该区别，本章采用时间差来分别考虑第 t 期初、第 t 期中和第 t 期末三种市场状态。

二、股利发放信息

在股利发放过程中，企业都会选择以 ν_t 来决定当期股利的发放政策。本章将股利发放的影响因素拆分成独立的子因素，单独分析每类因素的影

响效果，最后进行线性加总得到企业最终发放的股利值。例如，将这些因素分解为内部因素和外部因素两类，或者将其分得更细致一点，分为法律法规限制、国家宏观经济环境、通货膨胀、企业的融资环境、市场的成熟程度、企业所在的行业、企业资产的流动性、企业的生命周期、企业的投资机会九大类。将 ν_t 拆分成 n 个分变量来表征各个因素的影响效果：

$$\nu_t = \sum_{i=1}^{n} \nu_{i,\ t} \tag{3-3}$$

对于每个股利的影响因子，都有变量 $\nu_{i,\ t}$ 与之对应。由于最终的股利发放值完全由 ν_t 决定，故将其分变量 $\nu_{i,\ t}$ 定义为股利发放信息。投资者对股利发放信息掌握程度越高，就越能够准确地预测出待发放的股利值。

本章假设每个影响因子对股利发放的影响为 $i.i.d$ 过程，服从高斯分布，且该分布为市场所有投资者所知晓，$\nu_{i,t} \sim N(\mu_\nu,\ \sigma_\nu{}^2)$ （$i=1,\ 2,\ \cdots,\ n$），由高斯分布性质可以得出 ν_t 同样服从高斯分布 $\nu_t \sim N(n\mu_\nu,\ (n\sigma_\nu)^2)$ 。尽管影响因子在数学形式上可以实现相互替换，但为保证影响因子的经济学含义，本章设定不同影响因子 $\nu_{i,\ t}$ 与 $\nu_{j,\ t}$ 之间不可以相互替换，且为了便于分析总是将影响因子按照信息披露顺序依次排列，即若 $j>i$ ，则信息 $\nu_{i,\ t}$ 总是在信息 $\nu_{j,\ t}$ 之前披露。该设定有助于形成累进信息层次，即高层次的信息总是对应高的信息成本，投资者无法加总低层次的信息来获知高层次的信息。

三、投资者决策

市场共有 η 个具有相同常风险厌恶系数的投资者，可实现预算约束下期望效应最大化目标以及最优化财富在风险资产和无风险资产之间的配置。投资者的目标函数可以表示为：

$$\begin{aligned} &\text{Max} \quad E_{k,\ t}(-e^{(-\lambda W_{k,\ t+1})} \mid F_{k,\ t}) \\ &\text{s.t.} \quad W_{k,\ t+1} = R_f W_{k,\ t} + (P_{t+1} + d_{t+1} - R_f P_t) z_{k,\ t} \end{aligned} \tag{3-4}$$

式（3-4）中，$E_{k,t}(*)$ 为投资者 k 的期望效用，效用函数为常风险厌恶型，即 $U(x)=-e^{(-\lambda x)}$；$W_{k,t+1}$ 为投资者 k 在 $t+1$ 期的总财富，$W_{k,t}$ 为投资者 k 在第 t 期的总财富；$F_{k,t}$ 为投资者 k 在第 t 期所拥有的信息集；$z_{k,t}$ 为投资者对风险资产的需求量。投资者下期财富为投资于风险资产的下期总价值加上投资于无风险资产的下期总价值：

$$W_{k,t+1}=(P_{t+1}+d_{t+1})z_{k,t}+R_f(W_{k,t}-P_tz_{k,t}) \tag{3-5}$$

投资者的异质性主要体现在信息集 $F_{k,t}$ 的异质性及对股价和股利的条件预期上。通过解析上述最优化问题，可得到投资者对风险资产的最优需求量：

$$z_{k,t}=\frac{E_{k,t}(P_{t+1}+d_{t+1}\mid F_{k,t})-R_fP_t}{\lambda\sigma_{k,t}^2} \tag{3-6}$$

式（3-6）中，$E_{k,t}(P_{t+1}+d_{t+1}\mid F_{k,t})$ 表示在信息集 $F_{k,t}$ 下，第 t 期投资者 k 对 $t+1$ 期价格与股利和的条件预期；$\sigma_{k,t}^2$ 表示投资者对股价股利和预期的标准差。

第三节
信息披露、异质股价与股利预期

一、市场信息与信息披露

在第 t 期，市场上所有可得信息包括无风险收益 R_f、基准股利值 d、

历史价格和历史股利（P_{t-j}、d_{t-j} $(j=0, 1, 2, \cdots)$）、下期股利发放信息 $\nu_{i, t+1}$ $(i=1, 2, \cdots, n)$。无风险收益 R_f、基准股利值 d 为常数值，在市场运行过程中不会发生变动。故本章仅研究变量 P_{t-j}、d_{t-j} $(j=0, 1, 2, \cdots, \nu_{i, t+1}; i=1, 2, \cdots, n)$，将历史价格和历史股利 P_{t-j}、d_{t-j}（$j=0, 1, 2, \cdots$）定义为第 $t+1$ 期的历史信息集，用符号 Γ_{t+1} 表示。市场历史价格信息和历史股利信息对所有投资者而言都是可得的，且不需要花费成本，是所有投资者共享的公众信息。股利发放信息的获取需要投资者主要通过对影响股利发放的企业盈利情况、市场环境等因素进行调查或者与内幕人员交流等展开信息搜寻和分析，是投资者花费时间并付出努力所积累的私有信息。本章使用 c 表示其所花费的信息成本，因花费的信息成本与所获取到的信息量息息相关，故特将获取相同信息量的投资者视为同一信息层次。对于信息层次为 $\xi \in [0, n]$ 的投资者，用符号 $F_{\xi, t+1}$ 来代表这类投资者所拥有的 $t+1$ 期股利信息集 $\{\varpi_1, \varpi_2, \cdots, \varpi_\xi\}$，如表 3-1 所示。信息层次为 0 的投资者只能够获知市场中的公众信息，无法获知多余的私有信息，公众信息能够轻而易举地得到，他们不需要为此支付任何的信息成本，这类投资者往往是随机策略交易者或噪声交易者。表 3-1 中 $c_n > c_{n-1} > \cdots > c_1$，表示要获取更高信息层次的信息需要支付更高的信息成本，成本越高，得知的私有信息数量就越多，表现为得知的信息 $\nu_{i, t+1}$ 越多。本书将获取全部信息的投资者定义为内幕交易者。内幕交易者虽然能够精准知晓股利信息，但该信息给其带来的收益是不明了的，下期的市场价格也会对他的收益产生重要影响。在预期价格的变化上，内幕投资者跟其他投资者是一样的，并没有多余的信息优势。

表 3-1　企业不披露股利发放信息时的信息层次与所获取信息对照

信息层次	花费成本	私有信息	公众信息
0	0	无	Γ_{t+1}
1	c_1	$\nu_{1,\ t+1}$	Γ_{t+1}
2	c_2	$\nu_{1,\ t+1}$，$\nu_{2,\ t+1}$	Γ_{t+1}
⋮	⋮	⋮	⋮
n	c_n	$\nu_{1,\ t+1}$，$\nu_{2,\ t+1}$，…，$\nu_{n,\ t+1}$	Γ_{t+1}

企业可以选择主动披露股利发放信息 $\nu_{i,\ t+1}$（$i=1$，2，…，n）中的部分或者全部内容。某一因素（信息）被披露后，其将成为市场中的公众信息，与公共信息集类似，投资者获取该信息不需要支付额外的成本。企业披露的信息越多，市场上拥有私有信息的投资者就越少，市场信息的对称程度也就越高；相反，企业披露的信息越少，市场上拥有私有信息的投资者也就越多，市场信息的不对称程度也就越高。如表 3-2 所示，当企业选择披露信息 $\nu_{j,\ t+1}(j=1,\ 2,\ \cdots,\ m)$ 时，公众信息集从原来的 Γ_{t+1} 变为了 $\{\nu_{j,\ t+1}(j=1,\ 2,\ \cdots,\ m),\ \Gamma_{t+1}\}$。

表 3-2　企业披露部分股利发放信息时的信息层次与所获取信息对照

信息层次	花费成本	私有信息	公众信息
0	0	无	$\nu_{j,\ t+1}(j=1,\ 2,\ \cdots,\ m)$，$\Gamma_{t+1}$
1	c_1	$\nu_{m+1,\ t+1}$	$\nu_{j,\ t+1}(j=1,\ 2,\ \cdots,\ m)$，$\Gamma_{t+1}$
⋮	⋮	⋮	⋮
n	c_n	$\nu_{m+1,\ t}$，$\nu_{m+2,\ t+1}$，…，$\nu_{m+n,\ t}$	$\nu_{j,\ t+1}(j=1,\ 2,\ \cdots,\ m)$，$\Gamma_{t+1}$

二、投资者的异质股价与股利预期

与已有模型不同的是，本章股市模型中的投资者对股价和股利的预期不再是一个简单的线性过程，投资者会根据获取的信息对股利的预期进行

调整。

本章可以将信息层次为 ξ 的投资者 k 在第 t 期信息集 $F_{\xi,\ t+1}$（包含私有信息集和历史信息集 Γ_t）下对 $t+1$ 期股利发放的预期表示为：

$$E_k(d_{t+1} \mid F_{\xi,\ t+1}) = d + \sum_{j=1}^{\xi} \nu_{j,\ t+1} + \sum_{i=\xi}^{n} E_k(\nu_{i,\ t+1} \mid F_{\xi,\ t+1}) \tag{3-7}$$

式（3-7）中，$\sum_{i=\xi}^{n} E_k(\nu_{i,\ t+1} \mid F_{t+1})$ 为投资者对其他影响股利的不确定信息的预期。由于股利发放信息分布已知，本章用其样本值表示投资者预期的实现：

$$\sum_{i=\xi}^{n} E_k(\nu_{i,\ t+1} \mid F_{t+1}) = \sum_{i=\xi}^{n} \hat{\nu}_{i,\ t+1} \tag{3-8}$$

式（3-8）中，$\hat{\nu}_{i,\ t+1}$ 表示 $\nu_{i,\ t+1}$ 在分布 $N(\mu_\nu,\ \sigma_\nu{}^2)$ 下的某一样本值。

投资者仅能通过历史价格信息来对股价进行预期，本章研究线性预期形式，即投资者会根据上期股价的线性变换来形成下期股价的预期，这一过程可以表示为：

$$E_k(P_{t+1} \mid F_{\xi,\ t+1}) = \alpha_{k,\ t} P_t + \beta_{k,\ t} \tag{3-9}$$

式（3-9）中，$\alpha_{k,\ t}$ 和 $\beta_{k,\ t}$ 为相应的影响系数。

投资者对股利和股价和的预期为：

$$E_{k,\ t}(P_{t+1} + d_{t+1}) = \alpha_{k,\ t} P_t + \beta_{k,\ t} + d + \sum_{j=1}^{\xi} \nu_{j,\ t+1} + \sum_{i=\xi}^{n} \hat{\nu}_{i,\ t+1} \tag{3-10}$$

投资者的预期受三大因素的影响：一是投资者的异质先验对预期的影响，用系数 $\alpha_{k,\ t}$、$\beta_{k,\ t}$ 表示，该系数对每个投资者而言都是不一样的；二是由投资者信息层次 ξ 所决定的预期，可用 $\sum_{j=1}^{\xi} \nu_{j,\ t+1}$ 表示，该部分预期仅与投资者所处的信息层次相关，与投资者个人特质没有关系；三是随机项所决定的预期 $\sum_{i=\xi}^{n} \hat{\nu}_{i,\ t+1}$，该随机项与投资者的信息层次相关。不同投资者或同一投资者不同时间段下，该随机项的取值都会不相同。

投资者每期交易结束后都会对预期的精度进行评价，该精度在下期投资者需求函数中被作为下期预期标准差的近似值：

$$e_{k,t}^2 = \omega \cdot e_{k,t-1}^2 + (1-\omega)\left((P_{t+1}+d_{t+1}) - E_{k,t}(P_{t+1}+d_{t+1})\right)^2 \tag{3-11}$$

式（3-11）中，ω 为预测规则远期与近期相比的权重值，该权重越大则说明投资者对预期精度关注的时间越长；反之，该权重越小，则说明投资者对预期精度关注的时间越短。$e_{k,t}^2$ 的计算时机在第 t 期的期末，此时市场价格 P_{t+1} 和股利发放 d_{t+1} 都已经成为市场的公开历史信息。也就是说，第 t 期的预期精度 $e_{k,t}^2$ 将在第 t 期期末才能够揭晓。本章使用第 $t-1$ 期的预期精度 $e_{k,t-1}^2$ 作为第 t 期预期标准差 $\sigma_{k,t}^2$ 的近似，该精度除了可以用来计算下期需求外，还可以用来计算评判预期策略好坏程度的适应度指标。

定义预期策略的适应度指标为：

$$fit_{k,t} = -e_{k,t}^2 \tag{3-12}$$

投资者进行策略优化时，将预期策略的适应度作为参考指标。预期的适应度指标越大，该预期策略越能够准确预测股票价格和价值的变化；预期的适应度指标越小，该预期策略越难以准确地描述出股票价格和价值的变化情况。

根据投资者效用最大化公式及股票的价格和价值预期，将投资者的需求函数表示为：

$$z_{k,t} = \frac{\alpha_{k,t}P_t + \beta_{k,t} + d + \sum_{j=1}^{\xi}\nu_{j,t+1} + \sum_{i=\xi}^{n}\hat{\nu}_{i,t+1} - R_f P_t}{\lambda\sigma_{k,t}^2} \tag{3-13}$$

可改写为：

$$z_{k,t} = \frac{(d - R_f P_t) + \sum_{j=1}^{\xi}\nu_{j,t+1} + \sum_{i=\xi}^{n}\hat{\nu}_{i,t+1} + (\alpha_{k,t}P_t + \beta_{k,t})}{\lambda\sigma_{k,t}^2} \tag{3-14}$$

投资者的需求由四部分决定：第一部分为固定性需求（$d - R_f P_t$），这部分的需求是由当前市场价格、无风险收益、固定股利支付所共同决定的。固定性需求与固定股利支付为正向关系，即固定股利支付越多，固定性需求也就越高。固定性需求与当前市场价格和无风险利率的乘积为负向关系，即无风险利率或者当期股利越高，投资者的固定性需求也就越大。第二部分为不完全股利信息决定的需求$\left(\sum_{j=1}^{n} v_{j,\ t+1} + \sum_{i=\xi}^{n} \hat{\nu}_{i,\ t+1}\right)$，这部分需求来源于对下期股利的预期，对下期股利预期越高，对应的需求也就越大。信息掌握程度的多少与不完全股利信息决定的需求没有直接联系，即信息掌握程度大可能引致投资者提高需求，也可能降低需求。投资者获取股利信息的精准度越高，就越能够做出正确的持仓决定。第三部分为股价预期决定的需求（$\alpha_{k,\ t} P_t + \beta_{k,\ t}$），这部分需求来源于对下期股票价格的预期。由于下期的股票价格直接决定了投资者本期投资的损益，所以该预期能影响投资者的需求，并且该影响是正向的，即投资者对下期股价预期越高，投资者该期对股票的需求量也就越高。第四部分为上期预期精度决定的需求调整系数（$1/\lambda\sigma_{k,\ t}^2$），该调整系数由投资者的风险厌恶系数和前几期的预期精度共同决定。本章假定整个市场中投资者的风险厌恶程度是不变的，若投资者前几期的预测精度较高，投资者会对本期的预期更加自信，需求调整系数值较大，即投资者会放大预期所决定的需求量；若投资者前几期的预期精度较低，需求调整系数会较小，投资者此时会缩小预期决定的需求量。

投资者每期根据效用最大化原则确定自己的最优需求量后，便会根据其持有量和需求量的差值对持有头寸进行调整。由于投资者每期都会根据需求对持有量进行调整，所以投资者的上期持有量即为投资者的上期需求量。

$$\Delta z_{k,\ t} = z_{k,\ t} - z_{k,\ t-1} \tag{3-15}$$

式（3-15）中，当差值$\Delta z_{k,\ t} > 0$时，表示投资者第t期的需求量大于持有量，此时投资者会选择作为交易的买方，在市场中购入$\Delta z_{k,\ t}$数量的股票。当差值$\Delta z_{k,\ t} < 0$时，表示投资者第t期的需求量小于其持有量，此时投资者会选择作为交易的卖方，在市场中卖出差值$\Delta z_{k,\ t}$数量的股票。当差值$\Delta z_{k,\ t} = 0$时，表示投资者的需求量等于当期持有量，投资者将不参与本期的交易。

第四节 动态无标度、小世界交互网络和二元双向信息交互框架

现实世界中，投资者总是通过其社交网络环境进行信息的搜寻和更新。本章在信息披露股市模型中允许投资者间进行信息的交流与交互。为了方便信息传递，本章首先需要定义投资者间的交互网络结构，其次定义其交互机制。

一、动态无标度、小世界交互网络建模

随着复杂网络的提出和对现实世界网络特性研究的深入，对投资者间信息交互网络（或称社交网络）的研究受到了学者的青睐，不少学者尝试探索投资者间的信息交互网络结构。在这一研究过程中，互联网环境发生了翻天覆地的变化，投资者的社交网络环境也随之发生了从线下转向线上

的变化。学者利用复杂网络科学的建模方法，基于网络生成规则对两类网络进行了区分，线下网络的小世界特性和线上网络的无标度特性是区分两类网络的主要指标之一。本章将在线上线下这两个不同的信息交互网络环境下研究投资者的信息交互行为和结果。由于本章仅研究社交网络的信息交互功能，故文中将不区分社交网络和信息交互网络。

本章将社交网络结构分为两种，一种是线下信息交互网络，指投资者面对面交流的熟人圈。Watts 和 Strogatz（1998）提出了 WS 小世界网络，其两大特征：短的平均路径长度、大的簇类系数能够很好地刻画线下信息交互环境的特征。WS 小世界网络初始时将所有节点 η 按环状结构排列，每个节点与其左右 r 个邻居节点连接，随后以概率 $Prob$ 依次随机连接网络中的每一条边，保持该边的一端点不变化，而改变另一端点来形成新的连接，这一重连规则要求不能自连和重边。在信息交互网络中引入动态和静态的概念，当网络结构在期初设定好后不再随时间变化时，该网络为静态交互网络；当网络结构跟随时间变化时，该网络为动态交互网络。本章按照 WS 小世界网络生成规则，选择参数 $\eta=15$、$Prob=0.5$、$r=2$ 生成静态网络，如图 3-1 所示，v_1、v_2、…、v_{15} 为生成的 15 个节点。将网络中的节点视为异质信息股市模型中的投资者，边视为投资者的信息交互渠道，投资者连同他的邻居就一起构成了一个社交圈。WS 小世界网络构建了线下投资者间的信息交互结构。

另一种是线上信息交互网络，包括贴吧、论坛、讨论群、朋友圈等网络交流社区。Barabasi 与 Albet（1999）提出的无标度网络模型（BA 网络）因具有幂率分布特征而能很好地刻画线上信息交互网络。Varga（2015）对 BA 网络进行了扩展和改造，提出了 Modified BA 网络，该网络既能刻画出线上社交网络的幂率度分布又能刻画出大簇类系数的特征。本章将使用

Modified BA 网络来刻画线上信息交互网络。Modified BA 网络的构造按照下述规则进行：初始是由 3 个节点连成的一个环形结构，新节点的加入需要每次从原有网络中按照优先连接规则和邻近连接规则选择 $Bi + Bj$ 个已连接进网络中的老节点进行连接。优先连接规则：按照节点优先连接 Bi 个度高的老节点（度是与某节点相连的其他节点总数）。新节点总会以一定的概率与每一老节点进行匹配连接，这个概率与被连老节点的度正相关，即度越大的节点，成为新节点的邻居节点的可能性越大。邻近连接规则：新节点随机与 Bj 个上述被选中的老节点的邻居相连，此时节点的度不再影响被连接的概率，老节点的任一邻居节点被新节点连接到的概率是相同的。本章设置节点总数 $\eta = 15$、$Bi = 3$、$Bj = 1$ 生成网络，如图 3-2 所示，v_1、v_2、…、v_{15} 为生成的 15 个节点。对比图 3-1 和图 3-2 可得出，线下网络中投资者之间的联系较为稀疏分散，而线上网络中投资者间的连接较为紧密聚集。

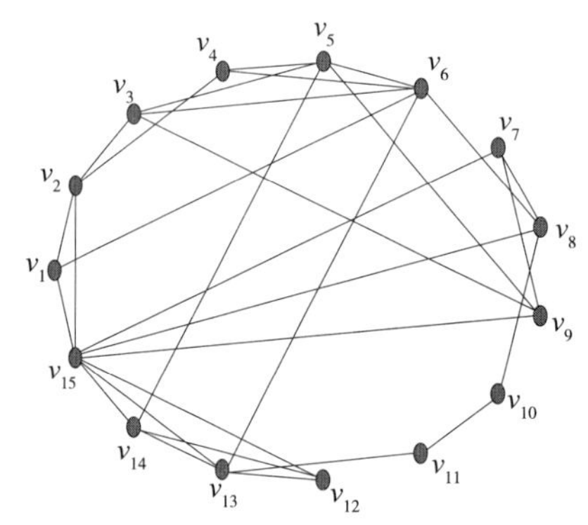

图 3-1　静态小世界网络

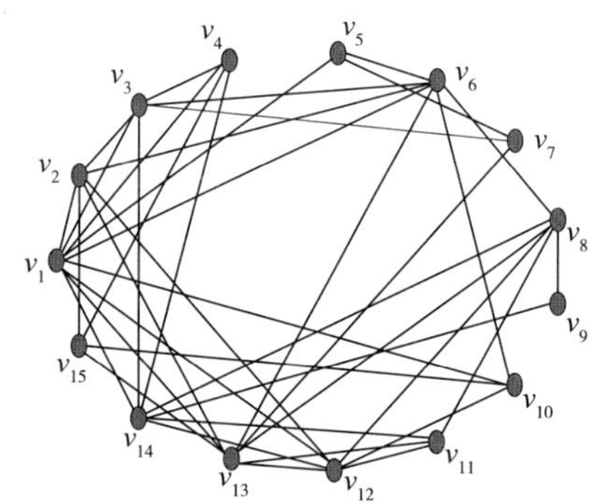

图 3-2　静态 Modified BA 网络

由上可知，静态模型能够很好地刻画某一时间段线下投资者的社交网络结构，但不能显现出投资者社交网络结构的动态变化过程。投资者间信

息交互渠道是动态可变的，即投资者会根据自身的收益及邻居的收益，通过收益的对比来进行动态的调整。当投资者发现自身收益较低时，他们通常会去调整自身的信息网络结构，断开与一个邻居的连接同时与社交圈外的一个新投资者进行连接。网络的动态更新也相当于投资者对信息交互网络结构进行的一轮优化结果，从社交圈中剔除交流程度低的邻居，同时引入新的邻居以增大获取更好收益的机会。对收益相对较低的投资者的选择，根据三步竞标赛规则选出待优化投资者：第一步，选择收益低于社交圈平均收益的投资者；第二步，从第一步选出的投资者中选出收益最低的 ϑ 个投资者组成新的集合；第三步，随机从新集合中选出一名投资者作为本次竞标赛规则选出的待优化投资者。动态 Modified BA 网络与动态 WS 小世界网络和静态网络使用相同的规则来选择收益相对较低的投资者，在此不再赘述。

本章在动态 WS 小世界网络中引入邻居参照点的设定，即投资者会将自己的收益与邻居的收益进行对比，而非与市场的平均收益或市场上其余投资者的收益对比。社交网络中投资者间的初始信息交互网络仍为静态的 WS 小世界网络。如图 3-3 所示，假设投资者 v_6 是与邻居相比收益相对较低的投资者中的一个，他是待优化的投资者，会通过调整自身的信息交互网络来实现这一优化。投资者 v_6 共有 6 个邻居，分别为 v_1、v_3、v_4、v_5、v_8、v_{13}。假设 v_6 与 v_{13} 进行的信息交流程度最低，则投资者会将 v_{13} 从其社交圈中剔除，同时与社交圈外的其余投资者建立连接。投资者对其社交圈外的投资者的收益是认知不足的，即他们之间没有信息交互，投资者无法得知市场中谁的收益高谁的收益低，这样投资者仅能随机重连市场上的另一投资者。这一机制也与 WS 小世界网络的概率重连构造机制相呼应，以使网络重构后仍能具有小世界性质。假设 v_6 随机连到了 v_{15}，则 v_6 和 v_{15} 之间将会建立信息交互关系。图 3-3 中，实线表示已存在的连接，虚线表示已删除的连接，粗实线表示投资者新建立好的连接。市场在新的信息交互网络下运行一期，即投资者搜寻股利信息形成对下期价格和股利的预期，进行邻居间信息交互对预期进行相应的调整，根据调整后的预期和当期股票的市场价格决定自身效用最大化的需求量。做市商根据供求情况制定下一期的市场价格，投资者根据第 $t+1$ 期与第 t 期的价格差及交易量的乘积结算自身收益。随后，仍选出市场中收益相对较低的投资者进行网络优化。例如，第二次选出的投资者为 v_2，投资者 v_2 共有 4 个邻居：v_1、v_3、v_4、v_{15}，如果 v_3 是其交流程度最小的邻居，则投资者 v_2 将切断与 v_3 的连接，然后在社交圈外随机与另一个投资者建立联系。图 3-3（b）中，v_2 与 v_3 之间的虚线表示该投资者将删除的信息交互通道，$v_2 \sim v_{11}$ 的粗实线表示投资者在社交圈外与 v_{11} 建立了信息交互联系。

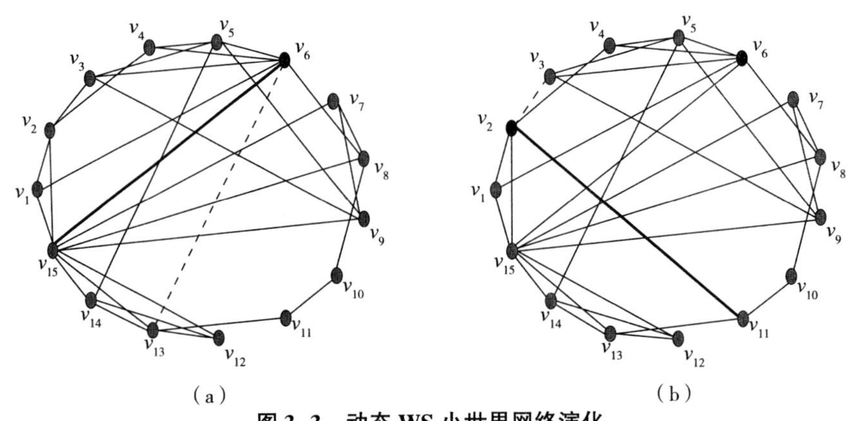

图 3-3 动态 WS 小世界网络演化

动态 Modified BA 网络的构造与动态 WS 小世界网络类似。动态 Modified BA 网络下非邻居投资者之间依然没有任何信息交互，即投资者无法得知社交圈外其余投资者的收益。与动态 WS 小世界网络不同的是，动态 Modified BA 网络中所有投资者的"度"是公众信息，即所有投资者的

邻居个数能够被市场上其余的投资者知晓。初始时投资者之间的信息交互网络为静态 Modified BA 网络，投资者会将自身收益和社交圈内的邻居收益进行对比，当自身收益较低时，投资者会以一定的概率对当前的信息交互网络进行优化。如图 3-4 所示，假设每个投资者在交易结束后，将自身收益与社交圈内的邻居投资者做对比，收益相对较低的投资者有对网络进行优化的概率。假使 v_5 为选中的投资者，v_5 有三个邻居，分别为 v_1、v_6、v_7，如果 v_5 与 v_1 的交流程度最小，则投资者 v_5 会删除与 v_1 的连接，如图 3-4 中虚线所示。v_5 选择连接社交圈外新邻居时会根据优先连接规则连接社交圈外的投资者，社交圈外投资者被连接的概率仅与其所拥有的邻居数量相关，邻居数量大的投资者更容易成为 v_5 的新邻居。假设 v_5 按照如上规则连接到了 v_{13} ，如图 3-4 中粗实线所示，随后市场开启下一轮交易，继续根据相对收益的大小在市场中选出本轮收益中较低的一个投资者进行网络优化。如图 3-4（b）所示，v_{11} 为新选中的投资者，其邻居为 v_8、v_{12} 、v_{13} 、v_{14} ，依照同样的分析思路，删除与邻居中交流程度最低的 v_{14} 的连接，重新以优先连接规则连接上社交圈外的投资者 v_6。如此反复，从而形成一个动态的 Modified BA 网络结构。

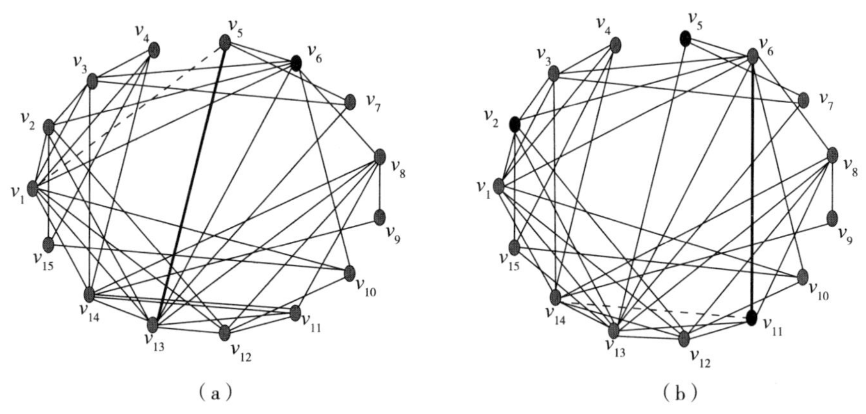

图 3-4 动态 Modified BA 网络演化

动态 WS 小世界网络和动态 Modified BA 网络随着网络结构的重构，其网络结构特征也发生显著变化，但重构后的网络仍能刻画线下和线上网络环境的差异，这是由于网络的重构仅采用了连接规则，故重构后的网络仍能维持网络原有的特性。

二、二元双向信息交互框架

传统的市场模型基本都假设投资者之间是信息闭塞的，即投资者仅依赖自身的信息搜寻和处理能力进行决策。但现实中，随着社交工具不断地创新和普及，投资者之间社交网络越来越发达，投资者间的信息交互已不能被忽视。近些年的研究中，学者们越来越注重对投资间信息交互的研究，如对投资者间社交网络、羊群行为、信号传递的研究。已有不少学者在模型中对信息交互机制进行了刻画和数学建模，但这些学者的研究主要集中在信号传递理论领域，即将投资者之间交互的信息使用买卖信号来简单刻画，这种方法虽然有助于理解投资者行为传染过程，但在对市场进行建模和数量分析时却难以精准刻画投资者间信息交互过程的复杂性和多样性。因此，本章提出了二元信息传递框架来更精准地刻画投资者间的信息传递过程。

股市投资者之间可以交互共享的信息包括：①股利信息影响因素的取值 $\nu_{i,t+1}$（$i=1, 2, \cdots, n$）；②股利预期 $E_k(d_{t+1} \mid F_{\xi,t+1})$；③股价预期 $E_k(\mathrm{P}_{t+1} \mid F_{\xi,t+1})$；④最优需求量 $z_{k,t}$。投资者在市场中搜寻完信息后，会主动与邻居进行信息交互，但是现实世界股票市场中的信息庞大且杂乱，因此，本章将股市信息分为原始信息和经过处理加工的二手信息这两大类。原始信息是最初发布或对股票价值有直观描述的一类信息，这类信息的决策价值最大，但能够获得的投资者也最少，需要投资者付出努力及成

本在市场中搜寻或者去企业现场调研。在本章的异质信息股市模型中，股利信息的发布就是原始信息的披露过程。经过处理的二手信息，在模型中包括各个投资者的股利预期信息、股价预期和最优需求量，这些信息都是投资者根据自身理解对原始信息进行加工处理后得到的信息。原始信息大多比较松散繁杂且专业化程度高，不利于在社交圈内快速扩散，社交圈内流传的信息主要是经过投资者分析和处理后的二手信息，这类信息通常简单易懂，能直接用于指导决策而不需要花费额外的理解和分析，能够很便利地在社交圈内流传。为了简化分析，本章提出投资者间的二元信息交互框架，该框架假设在投资者间传递的信息主要有预期和需求这两类信息，包括股利预期、股价预期和投资者的最优需求量。

本章采用的投资者 k 的预期交互过程和需求量交互过程如式（3-16）和式（3-17）所示：

$$\widetilde{E}_{k,t}(P_{t+1}+d_{t+1}) = (1-g_{k,t})\sum_{<k,l>} b_{k,l,t}E_{l,t}(P_{t+1}+d_{t+1}) + g_{k,t}E_{k,t}(P_{t+1}+d_{t+1}) \tag{3-16}$$

$$\widetilde{z}_{k,t} = (1-g_{k,t})\sum_{<k,l>} b_{k,l,t}z_{l,t} + g_{k,t}z_{k,t} \tag{3-17}$$

其中：

$$\begin{cases} b_{k,l,t} = \dfrac{R_{l,t}+c_{l,t}}{\sum\limits_{<k,l>}(R_{l,t}+c_{l,t})} \\ c_{l,t} = C_{l,t}/(P_t \cdot z_{k,t}) \\ b_{k,l,t} \in [0,\ 1];\ g_{k,t} \in [0,\ 1] \end{cases} \tag{3-18}$$

式（3-16）至式（3-18）中，$<k, l>$ 表示投资者 k 的邻居集合，邻居集合内的邻居用 l 表示。g_t 表示投资者的自信程度，g_t 取值越大，投资者越相信自己的判断；g_t 取值越小，投资者越相信邻居的判断。$b_{k,l,t}$ 表示投

资者 k 的邻居 l 对其预期或者需求量的影响力系数，该系数越大，邻居 l 对投资者 k 的影响也相应越大。本章将 $b_{k,\ l,\ t}$ 定义为投资者 k 与邻居 l 的信息交流程度，其取值越大，投资者 k 与其邻居 l 交流的程度也就越大；反之，其取值越小，投资者 k 与邻居 l 交流的程度也就越小。由 $b_{k,\ l,\ t}$ 的计算公式可知，$b_{k,\ l,\ t}$ 的取值完全取决于邻居投资者的收益及其信息成本之和，该和表示邻居的总收益、毛收益或毛利润，即分子表示邻居 l 的毛收益，分母表示投资者 k 所有邻居的毛收益之和，该比例表示邻居毛收益占投资者所有邻居毛收益和的比重。本章使用该比重来刻画邻居对投资者的影响力，即毛收益越高的邻居将越能够左右投资者的决策。$C_{l,\ t}$ 为第 t 期投资者 l 的总信息成本，$P_t \cdot z_{k,\ t}$ 为投资者第 t 期的投资总额，则 $c_{l,\ t}$ 为单位投资额的信息成本。

将上述预期和需求量的传递过程定义为二元双向传递过程。二元指传递的信息由股利和股价的预期信息、需求量信息这两大类组成。双向指的是传递过程中投资者之间的相互影响程度，即 a 投资者对 b 投资者的 $b_{b,\ a,\ t}$ 影响力系数与 b 投资者对 a 投资者的 $b_{a,\ b,\ t}$ 影响力系数是不相同的。通过二元双向传递过程，能够更加真实地刻画股市中投资者之间的信息交互。

第五节 市场出清和策略优化

一、做市商交易系统

市场的出清机制一般可以分为三种：第一种是报价驱动型。即市场中

的大型交易商申请成为做市商来维持市场的流动性，根据市场的供求情况不间断地以价差的方式提供买卖双向报价。这种出清机制的典型案例有美国纳斯达克的交易报价系统。第二种是指令驱动型。该出清机制是由市场投资者向交易系统提交买卖委托订单，根据价格优先、时间优先的原则自动撮合成交，属于连续性的竞价系统。其市场价格完全由供需力量的强弱决定。我国的上证交易所和深圳交易所的股票交易用的就是这一市场出清方式。第三种是报价驱动和指令驱动的混合型出清机制。这种方式往往采用分时段或分股票的方式进行市场出清。典型案例有纽交所的专家系统。本章股票市场所用的出清机制为报价驱动型，该机制有利于形成稳定的均衡市场，有利于本章对均衡市场要素和条件进行探索。

股市中的做市商是指专门为某只股票提供流动性，向顾客实时报出买价和卖价，并随时准备作为交易对手与顾客进行反向操作，以报价的价差为主要利润来源的机构或个人。市场上可以存在一个或者多个做市商，多个做市商之间为竞争关系。做市商能够掌握部分市场的需求动态及流动性，比普通投资者具有更高的信息优势，一般交易所会对做市商的市场行为进行监督和管控。报价驱动机制下，投资者不需要等待成交，仅需要关注做市商的报价，根据报价提交的订单立马成交，这种交易方式也是连续型的市场交易方式之一。

做市商的一大职能是能够以自有资金和资产参与交易，维护股票市场的流动性和稳定性。在指令驱动型市场中，买方投资者或者卖方投资者必须找到合适的交易对手才能够完成交易。指令驱动型市场对买卖双方价格和交易量的要求较高，当市场最高委买价和最低委卖价之间存在价差时，系统将不会撮合成交。但做市商会在各市场状况下提供双向的买卖报价，这将大大缩短订单的成交时间，增强市场的流动性。做市商的作用在订单

交易量较大或者订单数量较少时发挥得最为明显，此时能显著提升市场的运行效率。做市商的另一大职能是减少股票价格的波动，保持股价动态的连续性。在指令驱动型市场中，价格波动往往较为频繁，使得市场中基准且重要的价值投资者的投资成本增加。报价驱动型市场中，做市商会根据供求情况将价格波动控制在较小范围内，若市场出现较大的抛售压力或者抢购压力，做市商作为市场的稳定剂，会吸收这些压力来稳定市场局面。

本章的股票市场模型，假设做市商通过不断报出试算价格与投资者进行协商和谈判来完成市场清算。如图 3-5 所示，做市商先确定测试价格，投资者根据做市商公布的测试价格提交自己的需求订单，做市商根据市场的总买入委托单和总卖出委托单的差额大小，来判断是否满足出清条件。做市商与投资者的谈判过程不断循环，当差值足够小时，判定该测试价格能够满足市场出清条件，即将该测试价格选定为市场价格。

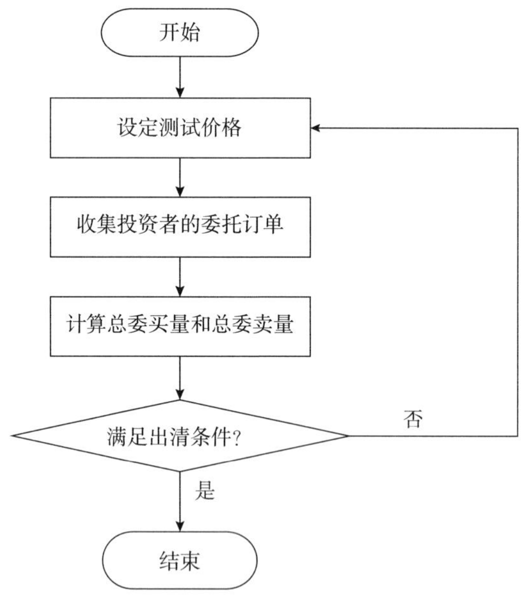

图 3-5　报价驱动型市场出清流程

为了能够更快更有效地得出市场的出清价格，做市商将根据超额需求来调整测试价格。调整过程如式（3-19）所示：

$$\begin{cases} tp_i = tp_{i-1} - exd_{i-1}/sl_{i-1} \quad if \quad sl_{i-1} \neq 0 \\ tp_i = tp_{i-1} \cdot (1 + eta \cdot exd_{i-1}) \quad if \quad sl_{i-1} = 0 \end{cases} \tag{3-19}$$

其中：

$$\begin{cases} exd_{i-1} = \sum_k \Delta z_{k,\ i-1} - Z \\ sl_{i-1} = (\sum_k \alpha_{k,\ i-1} \cdot (\tau + fit_{k,\ i-1}) / \sum_k (\tau + fit_{k,\ i-1}) - R_f) / lambda \cdot e_{k,\ i-1}^2 \\ i = 1,\ 2,\ \cdots,\ mi \end{cases} \tag{3-20}$$

式（3-19）和式（3-20）中，i 为试算周期，tp_i 为将使用的试算价格，mi 为设定的最大的试算周期可确保做市商在获得出清价格的过程中不会陷入死循环。exd_{i-1} 为市场的超额需求，等于投资者的总需求与市场总供给 Z 的差值。eta 为价格调整系数，该系数用于控制试算价格变动的大小。Z 为股票的总供给，为市场上所有投资者的需求量之和的加总。sl_{i-1} 为试算期 $i-1$ 期的投资者需求弹性之和，该弹性由适应度系数、预期精度、价格预期系数决定，决定过程如式（3-20）所示。其中，τ 为固定常数，该常数保证了适应度始终保持正值；R_f 为无风险收益；$lambda$ 为常变量参数。当需求弹性 sl_{i-1} 不为零时，使用弹性调整规则，对试算价格 tp_i 进行调整；当需求弹性 sl_{i-1} 等于零时，使用固定参数 eta，根据市场超额需求 exd_{i-1} 对试算价格进行调整。

本章采用控制参数 $mexd$ 来控制市场出清条件。当市场超额需求落在 $mexd$ 所决定的区域内时，就认为市场满足了出清条件，此时的试算价格即为市场的出清价格。当市场超额需求落在 $mexd$ 所决定的区域外时，则继续进行调整测试价格、收集投资者委托、计算超额需求的试算循环。市场出清条件如式（3-21）伪代码所示：

$$\begin{aligned} &if: exd_i \in [-mexd, mexd]; \ clear\ the\ market \\ &else: repeatiteration \end{aligned} \tag{3-21}$$

二、投资者收益

市场出清后，根据投资者的需求量以及第 t 期和第 $t+1$ 期的价格变化计算出投资者本期交易的损益情况。

$$\pi_{k,t} = (\Delta P_{t+1} + d_{t+1}) \cdot \Delta z_{k,t} - C_{k,t} = (P_{t+1} - P_t + d_{t+1}) \cdot \Delta z_{k,t} - C_{k,t} \tag{3-22}$$

式（3-22）中，$\pi_{k,t}$ 表示投资者第 t 期交易的总利润，等于投资者获得的价差收益加上股利收益再减去信息成本。

将投资者的收益除以期初投资额，就可以求出净收益率：

$$R_{k,t} = \pi_{k,t}/p_t \cdot Z_{k,t} \tag{3-23}$$

收益率加上投资者的信息成本，就可以得到投资者的总收益，毛收益率为：

$$\overline{R}_{k,t} = R_{k,t} + c_{k,t} \tag{3-24}$$

式（3-24）中，$c_{k,t} = C_{k,t}/(P_t \cdot z_{k,t})$ 为单位投资信息成本。如无特别说明，文中的“收益”为均值净收益。

三、市场效率的刻画

市场效率往往使用价格的准确性和市场的流动性这两方面的指标来衡量。股票市场资源配置职能的有效性主要是通过市场效率指标来反映的，股票市场的市场效率划分为内部效率和外部效率。内部效率与市场运营和

交易效率相关，用来刻画股票市场能否及时且低成本地完成投资者订单的匹配和交易，是衡量市场作为资源配置场所的服务能力的指标。外部效率指所呈现的价格是否能够完全对市场上的信息进行及时有效反馈的能力。本章所描述的市场效率指外部效率，它是描述资金分配能力的主要指标。

Fama（1970）提出了有效市场假说，该理论将有效市场分成了弱有效市场、强式有效市场和半强式有效市场，成为市场外部效应的代表理论。他认为，三种有效市场之间的区别在于价格对信息的反应速度。强式市场上的价格会迅速且敏捷地反映该市场上的公开信息和内幕信息的全部信息，即任何基于私有信息的策略都会失效，投资者的技术分析和基本面分析都不能得到超额利润。但是在半强式市场中，价格反映的全部信息是指证券资产历史价格、新闻媒体等公开发表的各类信息。使用公开信息进行决策是无法获取超额收益的，但内幕信息会在市场上起作用。就弱有效市场而言，价格只是反映了市场上的历史信息，也就是说，所有基于历史价格、收益率、交易量等的技术分析手段都无法帮助投资者获取额外的收益。

本章用价格与价值的偏离程度来刻画价格对价值的反映程度，即市场效率。定义股票的价值 V：

$$V = d/r_f \tag{3-25}$$

式（3-25）中，r_f 为无风险收益率，d 为固定股利支付。

将市场非有效指标 eff_t 定义为：

$$eff_t = \frac{\sum_{i=1-CalcPeriod}^{t} (V_i - P_i)^2}{CalcPeriod} \tag{3-26}$$

式（3-26）中，$CalcPeriod$ 为市场效率的计算周期，从 $t + CalcPeriod + 1$

期开始计算市场非有效指数，第 t 期的市场非有效指数是根据第 t 期以及其前 $CalcPeriod$ 期价格与价值的差进行计算的。当市场非有效指数 eff_t 较大时，股票价格与其价值偏离程度较大，市场效率较低；当市场非有效指数 eff_t 较小时，股票的价格与其价值的偏离程度较小，市场效率较高。

四、策略优化

投资者的最优需求决策与股价预期、股利预期、社会交互三大因素相关，投资者形成最优决策的过程实际上就经历了三方面的决策。本章将投资者的策略优化分为三部分进行，一是对股价线性预期的优化，二是对股利预期或者说投资者信息层次的优化，三是对自信程度的优化。

投资者对股价的预期取决于两线性系数 $\alpha_{k,t}$ 和 $\beta_{k,t}$，投资者会根据预期的精准程度动态地调整其预期策略。价格预期的评判指标为 $fp_{k,t}$，计算公式为：

$$fp_{k,t} = \omega \cdot fp_{k,t-1} + (1-\omega)(P_{t+1} - E_{k,t-1}(P_{t+1}))^2 \tag{3-27}$$

与预测精度指标 $e_{k,t}^2$ 一致，此处 ω 为评判规则远期与近期相比的权重，该权重越大说明投资者对价格预期评判关注的时间越长；反之，该权重越小，则说明投资者对价格预期评判关注的时间越短。

价格预期的适应度为 $FitP_{k,t}$，可以表示为：

$$FitP_{k,t} = -fp_{k,t} \tag{3-28}$$

每期期末市场交易结束，下期的市场价格公布后，投资者会结算交易损益。首先从市场中选出 ϑ 个 $FitP_{k,t}$ 最小的投资者，其次从这些投资者中随机选择一个进行股价预期策略的优化。由历史价格信息已知，可用式（3-29）计算最优的 α^* 和 β^*：

$$\underset{\alpha^*,\beta^*}{\operatorname{argmin}} \sum \omega_t (P_t - (\alpha^* P_t + \beta^*))^2 \tag{3-29}$$

同时，设定投资者的视野宽度为两期，对第 t 期和第 $t+1$ 期的偏离程度进行加总取最小化。为了简化参数，可以令权重 $\omega_t=\omega$，$\omega_{t+1}=1-\omega$。

股利预期策略主要由投资者的信息层次决定，所以股利预期策略的优化主要是对投资者信息层次 m 的优化，同理，投资者在第 t 期末会根据股利信息预期精准程度进行策略的评判：

$$fd_{k,\ t}=\omega\cdot fd_{k,\ t-1}+(1-\omega)\ (d_{t+1}-E_{k,\ t}(d_{t+1}))^2 \tag{3-30}$$

股利信息预期的适应度为 $FitD_{k,\ t}$，可以表示为：

$$FitD_{k,\ t}=-e^{d}{}_{k,\ t} \tag{3-31}$$

同样，将评判指标 $FitD_{k,\ t}$ 按照从小到大的排序，从市场中选出 ϑ 个评判指标值最小的投资者，从这些投资者中随机选择一位进行股利预期策略（信息层次）的优化，优化过程如式（3-32）所示：

$$\underset{\xi}{\operatorname{argmin}}\sum\omega_t\ (d_{t+1}-(d+\sum_{j=1}^{\xi}\nu_{j,\ t+1}+\sum_{i=\xi}^{n}\hat{\nu}_{i,\ t+1}))^2\xi^* \tag{3-32}$$

与股价预期策略优化相同的是，仍将投资者的视野限定在两期内。不同的是股利预期不但受信息层次的影响，还与随机因子的取值有关。因此，使用蒙特卡洛模拟方法来计算，运算过程如图 3-6 所示。模拟运行 10000 次，最优 ξ^* 的选取是通过对 10000 次最优 ξ 的平均，然后取不大于该平均值的整数。

投资者进行信息交互时，由自信程度参数来控制是否受邻居的影响以及在多大程度上受邻居影响。自信程度调整如式（3-33 ）所示：

$$g_{k,\ t}=\omega\cdot g_{k,\ t-1}+(1-\omega)\cdot\frac{R_{i,\ t}-\sum_{<k,\ l>}R_{j,\ t}/\theta_k}{|R_{k,\ t}|} \tag{3-33}$$

由 Kahneman D. 和 Tversky A.（1979）研究可知，投资者会设定参照点作为评价自己损失和收益的标准。在社会交互网络结构下，投资者会将社交圈的平均收益作为自身损益的评判标准。每交易期结束，投资者都会

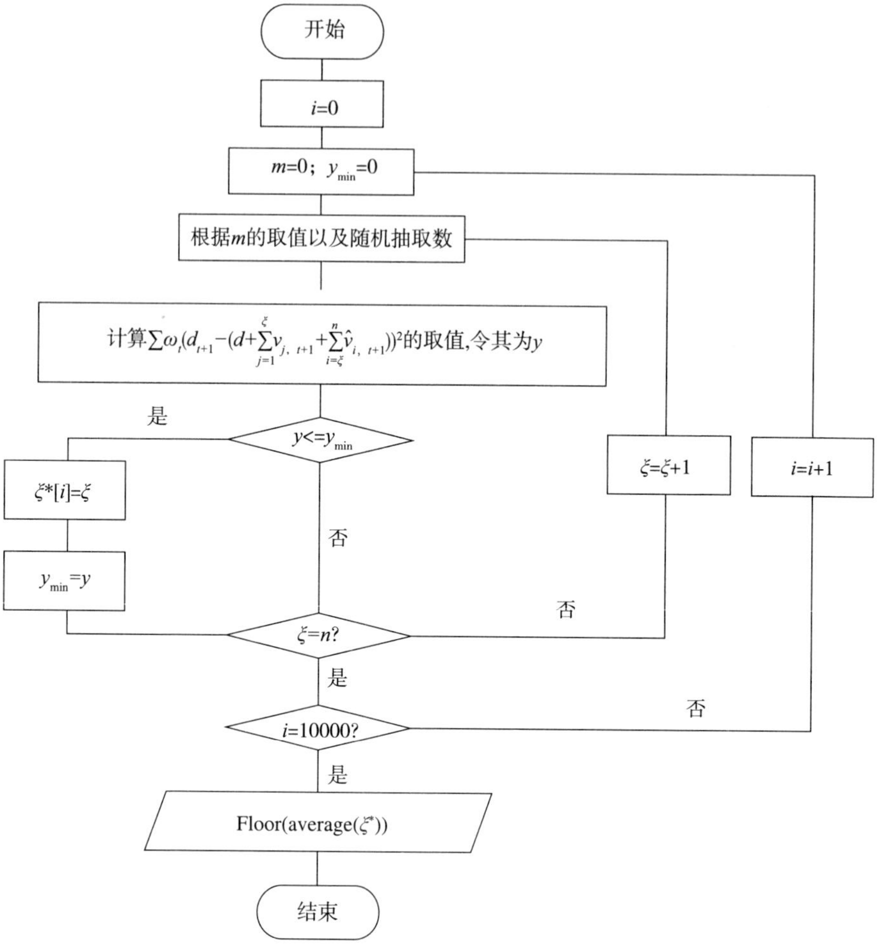

图 3-6　蒙特卡洛模拟流程

对比自己收益和邻居平均收益，如果自身收益大于邻居平均收益，则会调大自信程度，即下期决策中将更相信自己的判断；如果自身收益小于邻居平均收益，则会调小自信程度，即下期决策中将更相信邻居的判断。如果调整后的 $g_{k,\ t}$ 大于 1 或者小于 0，则将 $g_{k,\ t}$ 调整为 1 或者 0。

第六节 本章小结

本章借鉴了已有学者的研究成果，在传统股市模型的基础上放宽了市场信息同质性假设，在期望效用研究框架下引入异质性股利发放信息、股利信息披露机制、投资者信息搜寻过程、信息交互网络和交互机制，以及在这些机制共同影响下的投资者决策机制、市场出清机制、策略优化机制，从而构造了基于信息披露和社交网络的股票市场模型。

对模型的构建，从股利结构、信息成本结构、市场信息发布和搜集、投资者之间的信息交互、投资者决策规则、市场出清机制以及投资者收益的评判、策略和信息交互网络结构的优化这些微观结构出发构建了市场框架，并将这些微观结构从整个市场系统中抽离出来，运用数学公式将其描述出来加以模型化，进而量化分析由这些微观机制共同作用而涌现出来的复杂宏观现象。同时，针对现实股票市场存在的信息多维度、信息传播渠道多样性、投资者异质性、策略多样性与动态性四个方面的复杂性特征，对传统股市模型进行建模处理。第一，将股利生成模型扩展为新的股利发放模型，从而体现出多维度信息。第二，针对信息传播途径的异质性，将信息传播渠道分为市场发布、投资者搜寻和社会交互三种。第三，根据投资者组成的社交网络结构的不同，将社交网络分为线下社交网络和线上社交网络。第四，使用财富、风险厌恶程度、信息异质程度、预期策略、影响力系数、自信程度系数来刻画投资者异质性。第五，将投资者的决策过程拆分为股价预期决策、股利预期决策及自信程度决策三个方面，每一个过程使用相应的方法进行策略优化。另外，将股票市场中真实存在的价格形成机制引入新构建的股市模型，结合股市的其他复杂特征真实地刻画出股票市场中的市场出清和价格形成机制。

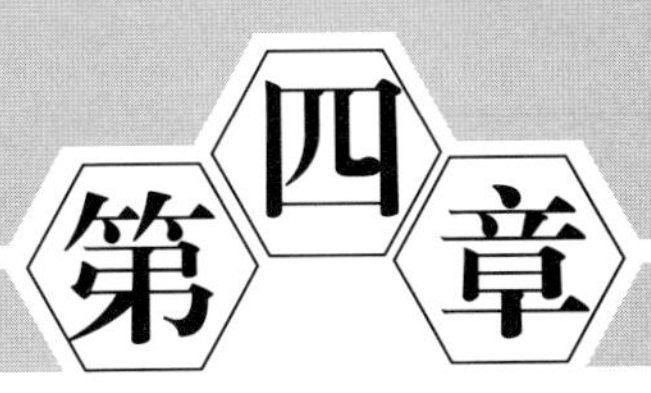

股票仿真市场信息披露与崩盘风险

本章将市场结构固定为股票仿真市场，运用 Multi-Agent 建模思路，基于信息披露和社交网络的股票市场模型，在固定市场结构中研究社交网络、信息披露与崩盘风险的关系。在以市场结构、投资者决策、信息披露、信息交互网络和机制以及市场出清和策略优化这些微观机制构建的完整的股票仿真市场中，在固定社交网络结构下研究可变的信息披露与崩盘风险的关系，在固定的信息披露层次下研究可变的社交网络与崩盘风险的关系。通过先分类后对因素的影响拆解分析的方法，很好地探讨了崩盘风险的形成和演化机制，以及微观机制下现象的宏观涌现。

第一节 股票仿真市场

一、仿真市场流程设计

股票市场中，投资者基于自身的行为偏好特征进行投资决策，同时通过自主学习不断调整投资策略。信息不对称导致的投资者投资决策行为的形成与不断演化，使股票市场得以形成、演化与发展。股票市场中的信息不对称虽已得到实证，但仍存在许多相悖的结论，所以真实市场中投资者基于信息的策略演化过程与结果到底如何值得关注。信息作为一个抽象概念，本身就难以观测和度量，所以直接研究投资者基于信息的行为决策模式比较困难。Agent 的计算实验金融被广泛应用于探究金融市场的微观特质，为揭示上述信息策略演化问题提供了契机。但是，传统的人工股票市场不仅市场效率不高，对投资者的异质性假设缺乏经济学含义，且没能体现市场中投资者基于信息进行投资决策的特点，也完全没有考虑到市场中投资者的自主学习行为。可见，传统的人工股票市场已无法反映真实市场的某些重要属性特征，探究更为可靠、一般的人工股票市场模型显得十分重要。

为了对社交网络和信息披露进行有效研究，笔者基于信息披露和社交网络的股票市场模型，搭建了三种网络结构的股票仿真市场。第一种是无社会交互的仿真市场，用来与传统的模型结论做对比。第二种是小世界网络环境市场，用来刻画社交网络结构处于面对面交流的、不够发达和高速的市场信息环境。第三种是无标度网络环境仿真市场，用来刻画社交网络结构处于高度发达的投资者之间交互频繁且高速的市场信息环境。

股票仿真市场的演化流程如图 4-1 所示，每期期初投资者都可以通过付出成本从市场中获取期末支付的股利值等相关信息，根据自己获得的信息生成相应的预期策略，形成交易需求。在考虑交互行为的股票仿真市场中，投资者会根据邻居的预期或者需求量来调整自己的预期和需求。根据自身需求和股票持有量决定买卖方向和计算本期需求量，以需求量向做市商提交买卖订单。做市商根据供求均衡的原则出清市场并决定期末市场价。期末，市场价格和股利公布，投资者根据期初和期末市场价格的价差和支付的股利来结算本期交易的损益。每期交易结束后，投资者将根据策略预期精度及交易的损益情况选出预期精度或者收益相对较差的投资者进行预期策略及交互网络的优化。策略和网络优化结束后，市场进入下一观

察期运行，投资者继续收集下一期的股利发放信息。该循环过程在观察期运行完成后终止，此时仿真市场结束运行，保存相应的市场数据。

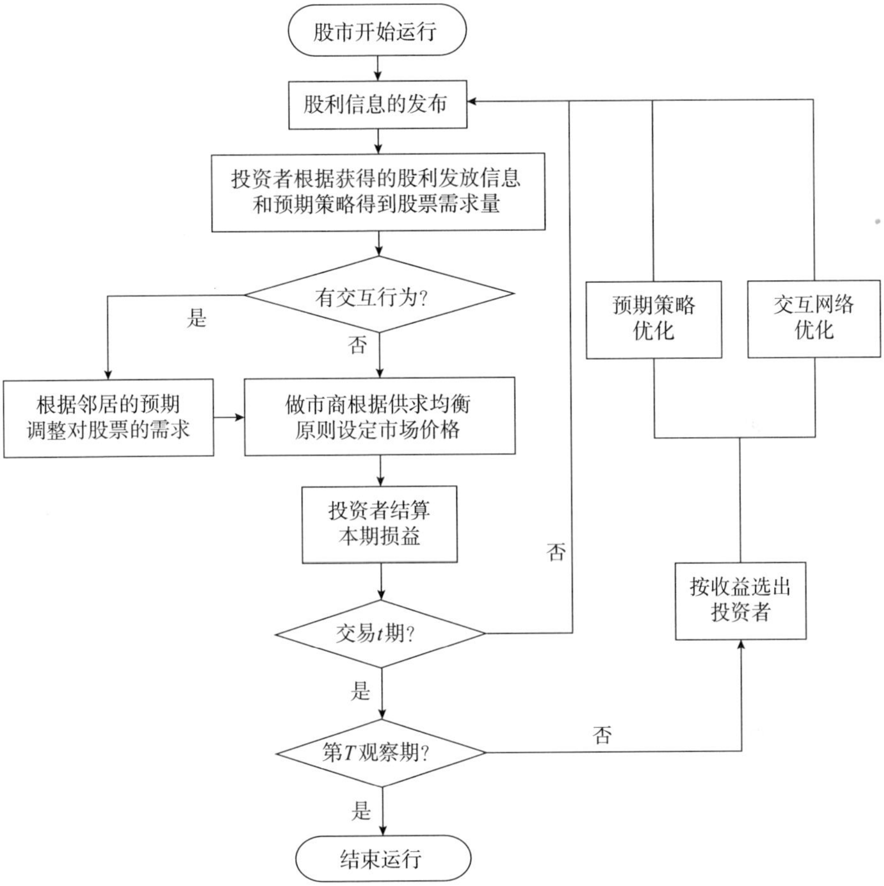

股市开始运行
股利信息的发布
投资者根据获得的股利发放信息和预期策略得到股票需求量
有交互行为?
是
否
根据邻居的预期调整对股票的需求
做市商根据供求均衡原则设定市场价格
投资者结算本期损益
交易t期?
否
是
第T观察期?
否
是
结束运行
预期策略优化
交互网络优化
按收益选出投资者

图 4-1　股市仿真流程

股票仿真市场的时间线表现为：期初，当期的市场价格已由做市商根据上期的供求情况设定为 P_t。企业也同样根据上期的股利发放情况并考虑其他各项因素的综合影响，设定当期股利发放 d_t 。与此同时，下期的股利发放信息 $\nu_{i,\ t}$ 也在该期内陆续得到揭露，投资者可以通过支付信息成本的方式获取这些信息。投资者每期都可以利用历史数据，以及当期收集到的下期股利信息形成下期股价和股利和的条件预期 $E_k(d_{t+1} \mid F_{\xi,\ t+1})$，并确定相应的预测标准差 $e_{k,\ t}^2$。每期期末，投资者通过最大化期望效用，确定各自对风险资产的最优需求量，并通过市场交易对其所拥有的资产结构进行调整。第 t 期末，即第 $t+1$ 期期初，做市商根据第 t 期投资者的交易结果，以供求均衡为目标来设定 $t+1$ 期的股票交易价格 P_{t+1}，企业也同时公布并发放股利。随着新一轮股价和股利信息的揭晓，投资者也会根据策略预测的准度和精度对策略进行优化调整。通过投资者策略的不断更新及市场的不断演化，形成动态的股票市场模型。

二、仿真市场参数设计

传统人工股票市场没有考虑不同网络结构下企业作为股利发放者时信息披露与崩盘风险之间的关系，以及企业作为股利发放者时不同信息披露程度下网络结构与崩盘风险之间的关系。为对比分析，股票仿真市场构建了两个市场：市场一探究不同网络结构下信息披露与崩盘风险的关系，市场二探究不同信息披露程度下网络结构与崩盘风险的关系。

为了便于分析，该股票仿真市场对市场中的 180 个投资者从 1～180 进行编号，并假设决定股利发放的信号因子总数为 8，将投资者信息档次分为 0、1、2、3、4、5、6、7、8 这 9 个信息档次，以 20 个为一组，一共为 9 个组。初始投资者按照不同的网络生产规则，组成不同的网络结构作为初始信息交互网络，投资者在该网络中免费获取信息并进行最初的策略选择。投资者的另一信息获取渠道是通过支付信息成本从市场中搜寻，即投资者在市场中进行信息的购买。依据第三章构建的基于信息披露和社交网络的股票市场模型对市场结构的设定，从市场渠道获取信息需要支付相应的信息成本，信息成本结构选用线性成本结构，其中边际信息成本为

0.01。对初始自信成本、无风险利率、风险厌恶系数借鉴已有研究成果的典型值进行选取。策略优化参数，我们选取固定常数 100、常变量参数 0.05、最大试算周期 10000。这些参数的选择不会对市场的运行造成影响，不同的取值仅改变模型运算的复杂程度。

对网络参数和 GA 算法参数的选择，遵守保证所生产的网络结构贴近现实中真实存在的社交网络结构的原则。具体股票仿真市场参数初始设定如表 4-1 所示。

表 4-1　人工股票市场参数的初始设置

类别		初始设置
市场参数	投资者人数	180
	信号因子总数	8
	边际信息成本	0.01
	总观察期	1200
	每观察期交易期	255
	每交易期交易次数	5
	总供给	180
	初始自信程度	0.5
	无风险利率	0.1
	风险厌恶系数	0.1
策略优化参数	固定常数	100
	常变量参数	0.05
	最大试算周期	10000
网络参数	总节点数	180
	随机重连	0.5
	左右连接	2
	锦标赛筛选	4
	优先连接	3
	邻近连接	1

三、仿真市场数据处理

由于线上社交网络具有虚拟性、线下社交网络具有地理分散性，并且投资者信息交互的相关数据会触及投资者隐私，特别是高信息层次的投资者信息更难获得。因此，很难获得现实市场环境中投资者的社交网络数据和度量投资者信息层次的数据，也无法进行实证分析。本章利用 JAVA 语言编程获得社交网络环境下人工股票市场信息披露与崩盘风险关系的数据并进行相关研究。在第三章基于信息披露和社交网络构建的股票市场模型的基础上，分别在无社交网络结构、线上无标度网络结构和线下小世界社交网络结构环境下各运行 5 次，每次运行 1200 个观察期，通过对无社交网络结构、线上无标度网络结构和线下小世界社交网络结构环境下各运行 5 次的结果取平均值，得到稳定并且有说服力的有效数据。

本书将崩盘风险定义为在企业收益回报调整等因素的共同影响下，企业特有收益分配出现极端负值的概率。对于崩盘风险的数据处理，本书将“年”定义为一个观察期，“周”定义为一个交易期。仿真市场中共设定 1200 个观察期，每个观察期中有 255 个交易期，每交易期进行 5 次交易，并对收益率取对数。

崩盘风险的数据处理借鉴 Chen 等（2001）的研究，考虑到使用个股实际收益率来衡量股价是否发生暴跌时，没有考虑市场因素的影响，因此，本书使用个股周收益率对市场周流通市值加权平均收益率回归，采用负收益偏态系数（Negative Conditional Return Skewness）作为第一个崩盘风险指标，记为 $NCSKEW$ 。计算方法为：

$$NCSKEW = -\left[n(n-1)^{3/2}\sum w^{3}_{j,\tau}\right] / \left[(n-1)(n-2)\left(\sum w^{2}_{j,\tau}\right)^{3/2}\right] \tag{4-1}$$

式（4-1）中，n 为股票 i 在第 t 年中交易的周数。

本书按照式（4-1）的计算方法，对模型 1200 个观察期内的崩盘风险进行了计算。在股市仿真市场中，社交网络结构和股利信息是外生给定的，而市场价格及通过对数收益计算的价格崩盘风险是由内生决定的。崩盘风险大小的波动主要来源于这两个外生变量的取值和设定。不同于现实市场，股市仿真市场中的价格不会受到其他不确定因素的冲击，如政策信息、国际市场环境、利率变化等，故崩盘风险较小且变化区间较为稳定。

第二节　不同网络结构下信息披露与崩盘风险关系研究

不同网络结构下，实际的信息社会交互复杂网络包含了图、度及度分布、平均路径长度和群聚系数、介数及中心性和其他拓扑特性等。图是一种数据结构，由点集和边集组成，一个具体的网络可抽象为节点和连边组成的图，图通常用数组、邻接表、邻接矩阵、十字链表和多重链表来表示。度分布主要用来度量网络中各个节点的属性特征，度及度分布通常是用来区分网络类型的重要标度。平均路径长度是指网络中某一节点到另一节点所需要经过的平均边长，用于刻画网络的全局特征。群聚系数是用来衡量网络的密集型和集团化性质的，常用于刻画网络的局部特征。介数分为节点介数和边介数，节点介数是指网络中所有最短路径经过节点的概率，边介数则是指经过该边的最短路径的概率。图、度及度分布、平均路径长度和群聚系数、介数及中心性是复杂网络最主要的特性，除了这些特性，还有一些拓扑属性描述了网络所具有的其他特性，比如局部有效性、全局有效性、度—度相关性、相配性系数、连接密度、连接耗费等。这些特性是建立在计算基本属性的基础上的，比如无标度性是指度分布为幂律分布的网络，它通过计算网络的度分布进行定义。因此，对于实际生活中的复杂网络，可以根据需要进行各种拓扑特性的计算与分析。

一、无社交网络结构下信息披露与崩盘风险的关系

按照投资者获取企业股利发放信息量的层次分类，做无社交网络结构下的崩盘风险演化图，如图 4-2 所示。图中不同的线条代表不同的信息披露层次（本书所有章节对信息层次的标识都与图 4-2 中的标识相同）。

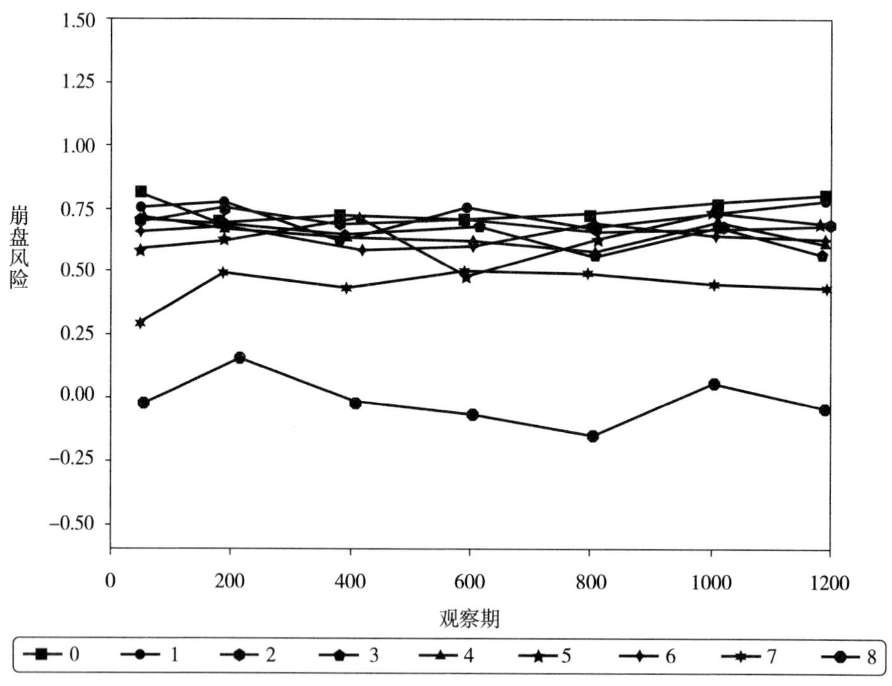

图 4-2 无社交网络结构下的崩盘风险演化图

由图 4-2 可知，在［0，1200］观察期内，不同信息披露层次下的崩盘风险一直处于波动状态。并且可以看到，信息披露在第 8 层次时，走势线处在演化图的最低端，表明此时崩盘风险最低；信息披露第 0 层次、第 1 层次时走势线处在演化图的最上端，表明此时崩盘风险最高。由此可知，随着信息披露层次的提高，崩盘风险呈下降趋势。也就是说，信息披露层次越高，崩盘风险越低，信息披露层次越低，崩盘风险越高。

按照投资者获取企业股利发放信息量的层次分类，做无社交网络结构下的崩盘风险与信息披露趋势图，如图 4-3 所示，当信息披露层次处于［0，6］区间时，崩盘风险一直处于一个比较高的位置；当信息披露到达第 7 层次时，崩盘风险有所降低；当信息披露处于第 8 层次时，崩盘风险骤减，甚至出现了在中位数线以下部分崩盘风险为负的情况。总的来说，在无社交网络结构下，信息披露层次越高，崩盘风险越低，信息披露层次越低，崩盘风险越高。另外，当信息披露层次处于较低的第 0 级、第 1 级和最高的第 8 级时，箱线图的箱子都较短，说明当信息披露处在最高的第 8 层次和低层次［0，1］时，崩盘风险波动较小。当信息披露层次处于［2，7］区间时，箱线图的箱子都较长，说明当信息披露处于中间层次［2，7］时，崩盘风险波动较大，并且在信息披露处于第 5 和第 6 层次的时候崩盘风险波动最大。

二、小世界网络结构下信息披露与崩盘风险的关系

按照投资者获取企业股利发放信息量的层次分类，做小世界网络结构下的崩盘风险演化图，如图 4-4 所示，在［0，1200］观察期内，不同信息披露层次下的崩盘风险一直处于波动状态。信息披露层次 8 的崩盘风险最小，信息披露层次 0 的崩盘风险最大。市场从初始期第 0 期开始到第

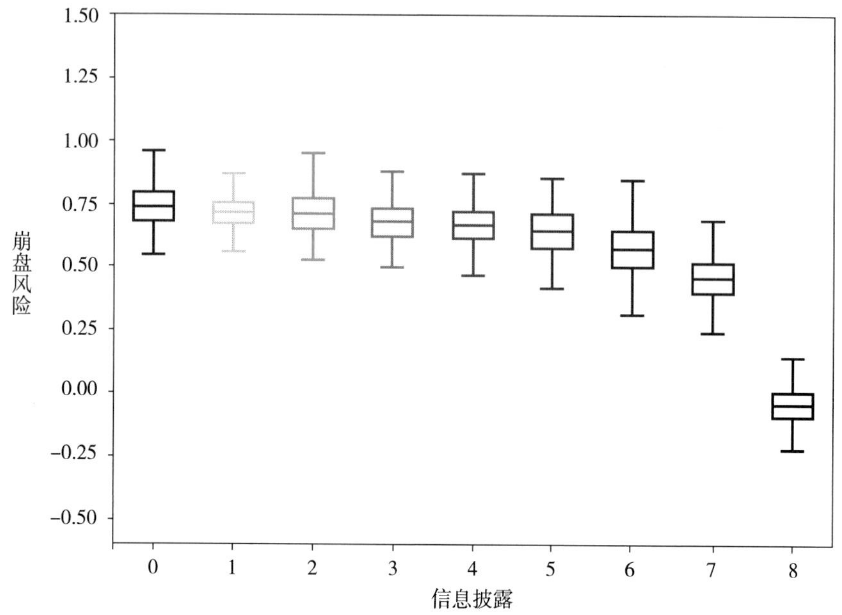

图 4-3 无社交网络结构下的崩盘风险与信息披露趋势图

1200 期都处于崩盘风险的波动之中。

按照投资者获取企业股利发放信息量的层次分类，做小世界网络结构下的崩盘风险与信息披露趋势图，如图 4-5 所示，当信息披露层次处于 [0, 5] 区间时，崩盘风险一直处于一个比较高的位置；当信息披露层次处于 [5, 7] 区间时，崩盘风险呈下降趋势；当信息披露处于第 8 信息层次时，崩盘风险急剧下降，在中位数线以下部分，崩盘风险处于负值状态。说明在动态社交小世界网络结构下，信息披露层次越低，崩盘风险越高；反之信息披露层次越高，崩盘风险越低。另外，图 4-5 中每个信息层次的箱子长度基本一致，并且每个信息层次的中位数基本处于箱子的中间，说明在小世界网络结构下，每个信息披露层次的波动率基本一致，而且每个信息披露层次呈正态分布。

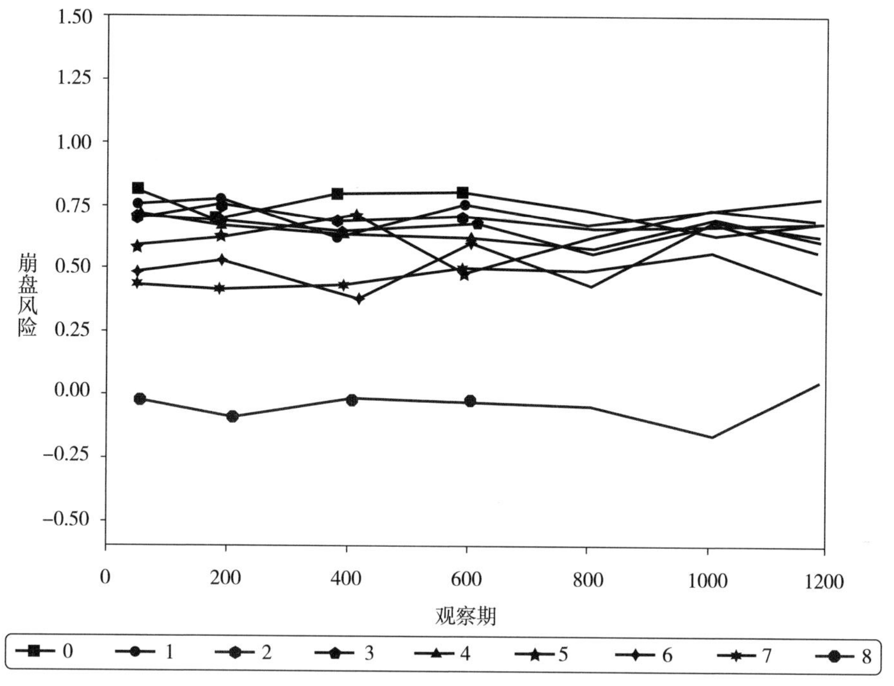

图 4-4 小世界网络结构下的崩盘风险演化图

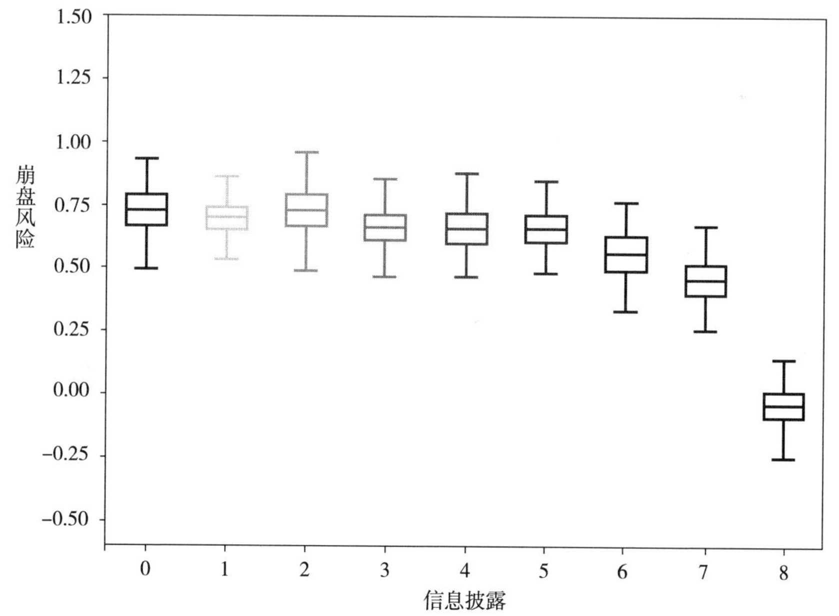

图 4-5 小世界网络结构下的崩盘风险与信息披露趋势图

三、无标度网络结构下信息披露与崩盘风险的关系

按照投资者获取企业股利发放信息量的层次分类，做无标度网络结构下的崩盘风险演化图，如图 4-6 所示，在整个观察期中不同信息披露层次下的崩盘风险一直处于波动状态。信息披露第 8 层次的崩盘风险最小，并且远远低于信息披露第 7 层次的崩盘风险，信息披露层次 0 的崩盘风险最大。由图 4-6 可知，随着信息披露层次的提高，崩盘风险逐渐减少。

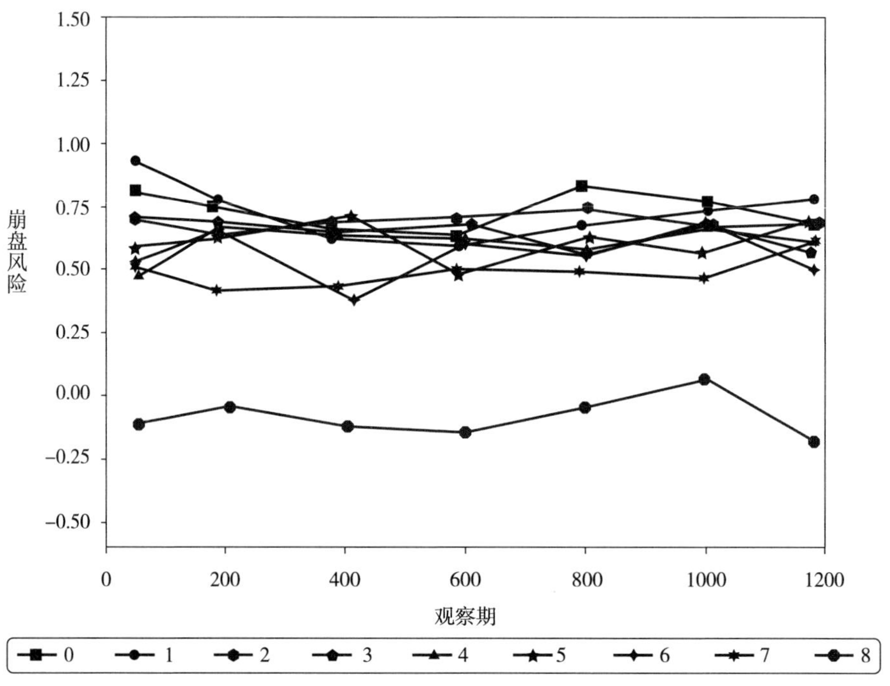

图 4-6 无标度网络结构下的崩盘风险演化图

按照投资者获取企业股利发放信息量的层次分类，做无标度网络结构下的崩盘风险与信息披露趋势图，如图 4-7 所示，当信息披露层次处于［0，7］区间时，崩盘风险呈下降走势，但是崩盘风险在此区间一直处于

一个比较高的位置；当信息披露层次处于［7，8］区间时，崩盘风险急剧下降。说明在动态社交无标度网络结构下，信息披露层次越低，崩盘风险越高，信息披露层次越高，崩盘风险越低。另外，当信息披露在第0层次时，中位数线靠近箱子的下边，数据呈右偏分布；当信息披露处于第1层次时，中位数线在箱子的中间，数据呈正态分布；当信息披露处于第3层次时，中位数线靠近箱子的上边，数据呈左偏分布；当信息披露处于［4，8］层次区间时，中位数线基本处于箱子的中间，数据呈正态分布。同时，由图4-7可以看出，箱子都比较短，说明在动态无标度网络结构下，每个信息层次的崩盘风险的波动率并不大。

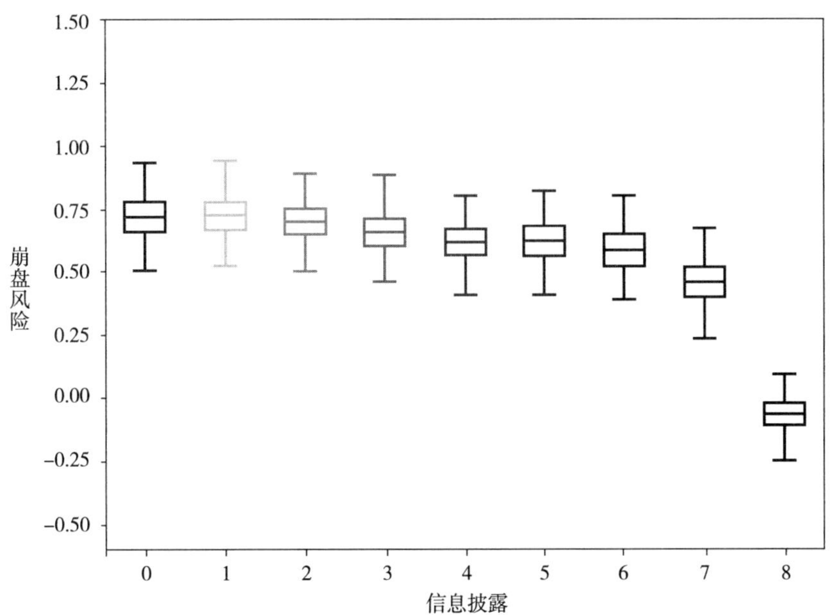

图4-7　无标度网络结构下的崩盘风险与信息披露趋势图

第三节 不同信息披露层次下网络结构与崩盘风险关系研究

市场历史价格信息和历史股利信息对所有投资者而言都是可得的，且不需要花费成本，是所有投资者共享的公众信息。股利发放信息需要投资者主动对影响股利发放的企业盈利情况、市场环境等因素进行调查或者与内幕人员交流等展开信息搜寻和分析，是投资者花费时间和付出努力积累的私有信息。花费的信息成本与所获取到的信息量息息相关，获取相同信息量的投资者处于同一信息层次。信息层次为 0 的投资者只能够获知市场中的公众信息，无法获知多余的私有信息，公众信息能够轻而易举地得到，他们不需要为此支付任何的信息成本，这类投资者往往是随机策略交易者或噪声交易者。能获取全部信息的投资者为内幕交易者，其虽然能够精准知晓股利信息，但该信息给其带来的收益是不明了的，下期的市场价格也会对他的收益产生重要影响。在预期价格的变化上，内幕投资者跟其他投资者是一样的，并没有多余的信息优势。企业可以选择主动披露股利发放信息，某一因素（信息）被披露后，其将成为市场中的公众信息，与公共信息集类似，投资者获取该信息不需要支付额外的成本。企业披露的信息越多，市场上拥有私有信息的投资者就越少，市场信息的对称程度也就越高；相反，企业披露的信息越少，市场上拥有私人信息的投资者就越多，市场信息的不对称程度也就越高。

本节采用第三章中基于信息披露和社交网络构建的股票市场模型对信息和信息披露的定义，探讨不同信息披露层次下网络结构与崩盘风险的关系。

一、不同信息披露层次下网络结构与崩盘风险演化

按照投资者获取企业股利发放信息量的层次分类，探讨不同信息披露层次下网络结构与崩盘风险之间的演化关系。如图 4-8 所示，不同的线条代表不同的网络结构（本书所有章节对网络结构的标识都同上所述）。

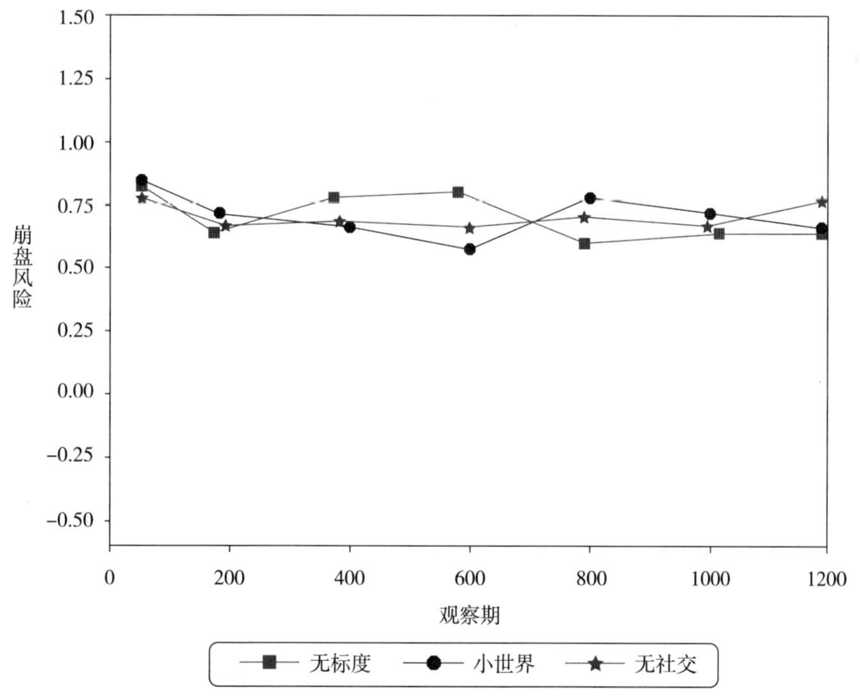

图 4-8 信息披露层次为 0 时的崩盘风险演化图

由图 4-8、图 4-9 可知，当信息披露层次为 0 时，小世界网络结构的崩盘风险最大，无标度网络结构的崩盘风险次之，无社交网络结构的崩盘风险最小。

由图 4-9 可知，当信息披露层次为 1 时，小世界网络结构的崩盘风险最大，无社交网络结构的崩盘风险次之，无标度网络结构的崩盘风险最小。从波动率来看，小世界网络结构的波动率最大，无标度网络结构和无社交网络结构的波动率较小，它们几乎一致。

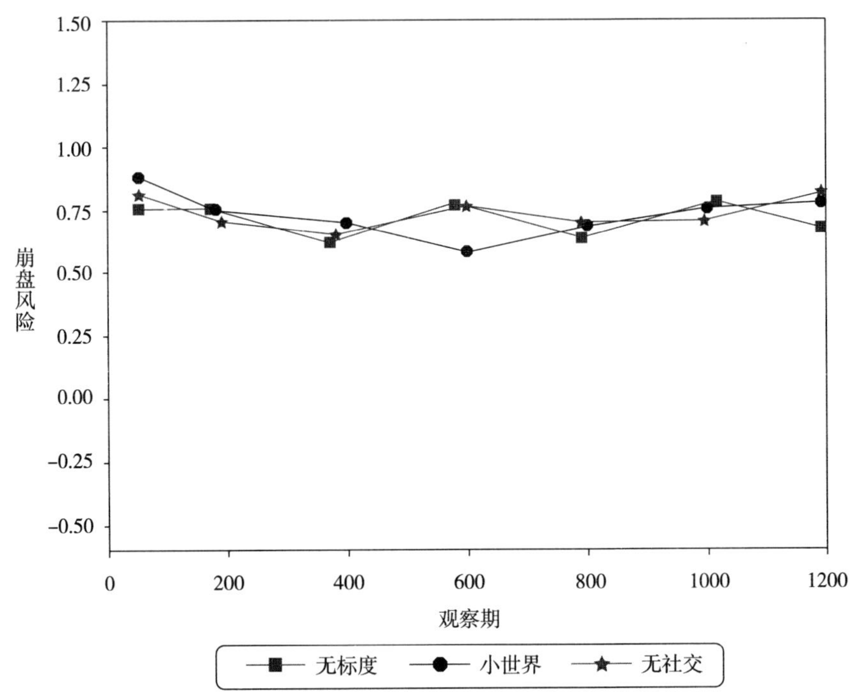

图 4-9 信息披露层次为 1 时的崩盘风险演化图

由图 4-10 可知，当信息披露层次为 2 时，无标度网络结构的崩盘风险最大，无社交网络结构的崩盘风险次之，小世界网络结构的崩盘风险最小，但三者之间的差距并不大。

由图 4-11 可知，当信息披露层次为 3 时，无社交网络结构的崩盘风险最大，无标度网络结构的崩盘风险次之，小世界网络结构的崩盘风险最小。

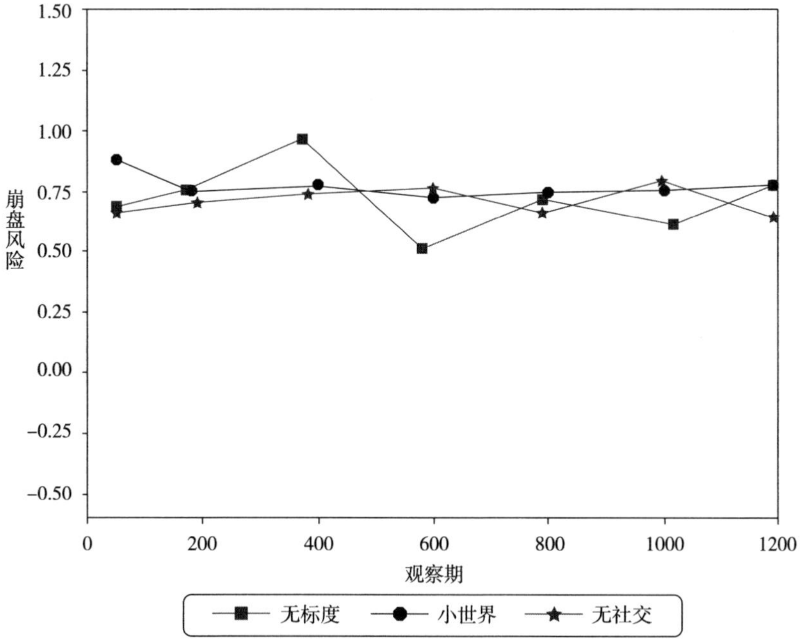

图 4-10　信息披露层次为 2 时的崩盘风险演化图

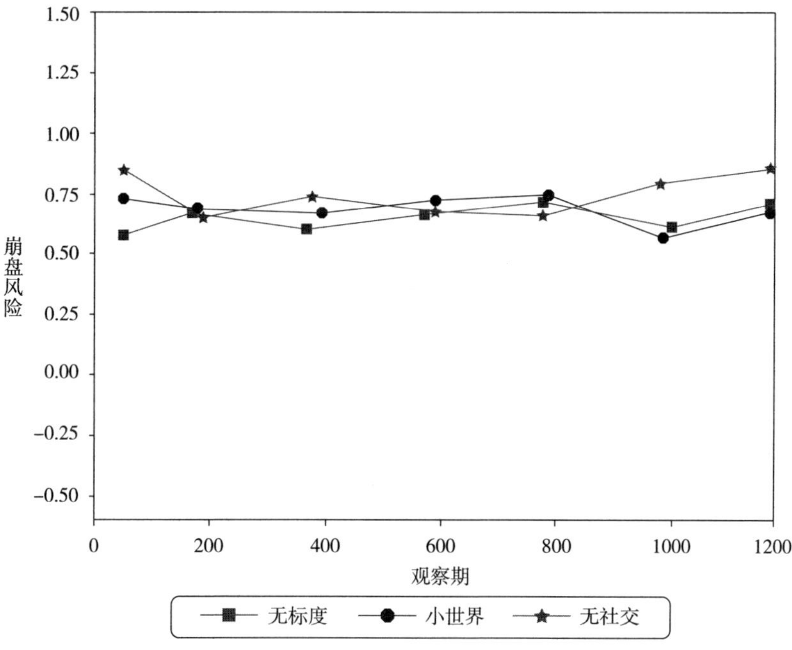

图 4-11　信息披露层次为 3 时的崩盘风险演化图

由图 4-12 可知，当信息披露层次为 4 时，无标度网络结构的崩盘风险最大，无社交网络结构的崩盘风险次之，小世界网络结构的崩盘风险最小。

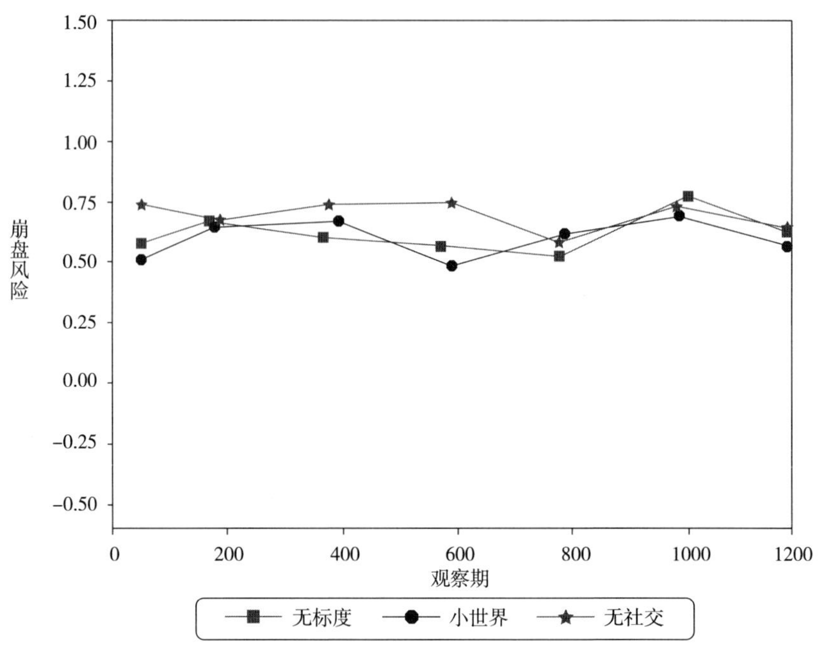

图 4-12　信息披露层次为 4 时的崩盘风险演化图

由图 4-13 可知，当信息披露层次为 5 时，无标度网络结构的崩盘风险最大，无社交网络结构的崩盘风险次之，小世界网络结构的崩盘风险最小。

由图 4-14 可知，当信息披露层次为 6 时，无社交网络结构的崩盘风险最大，无标度网络结构的崩盘风险次之，小世界网络结构的崩盘风险最小。

由图 4-15 可知，当信息披露层次为 7 时，无标度网络结构的崩盘风险最大，无社交网络结构的崩盘风险次之，小世界网络结构的崩盘风险最小。

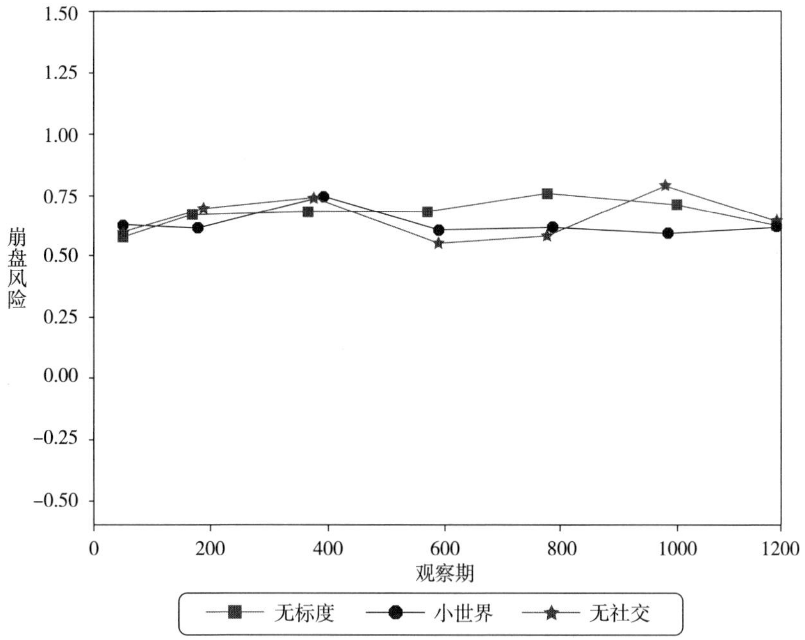

图 4-13　信息披露层次为 5 时的崩盘风险演化图

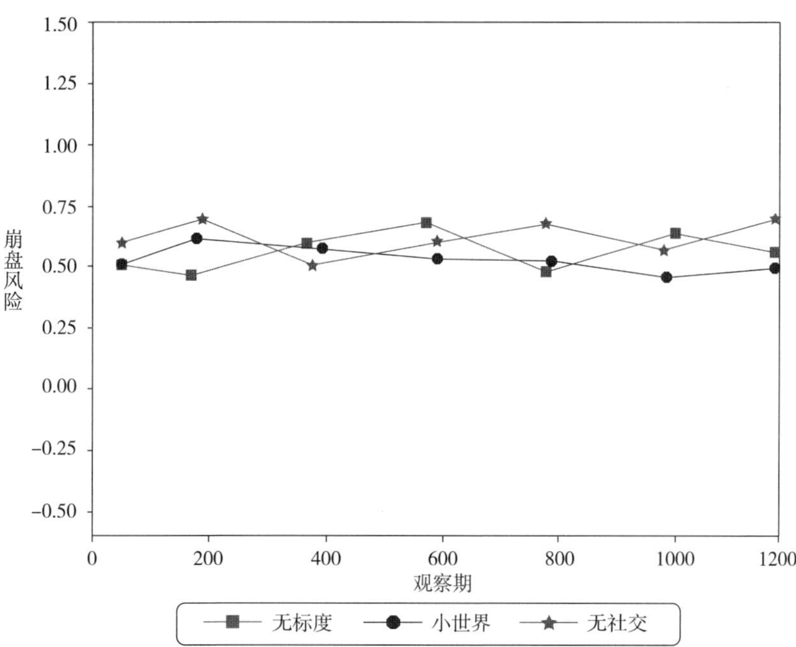

图 4-14　信息披露层次为 6 时的崩盘风险演化图

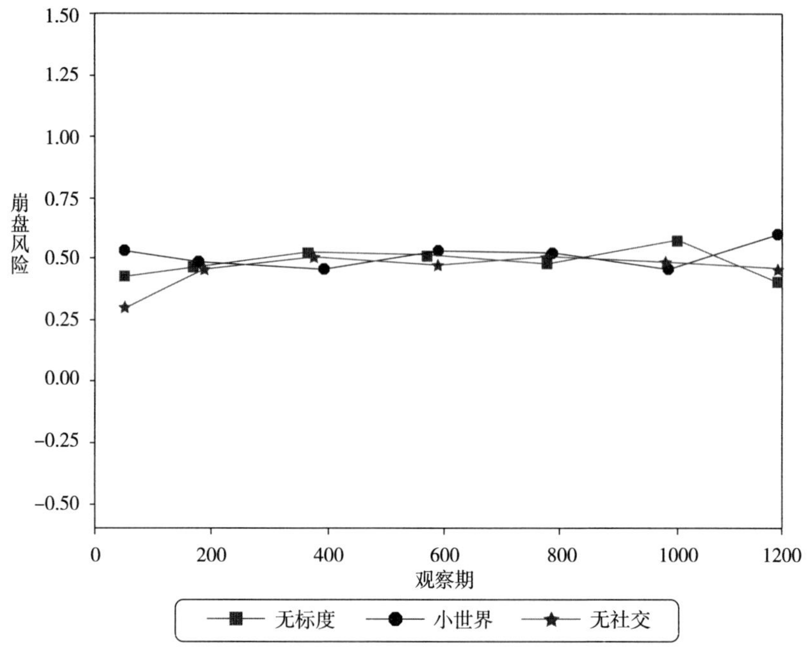

图 4-15　信息披露层次为 7 时的崩盘风险演化图

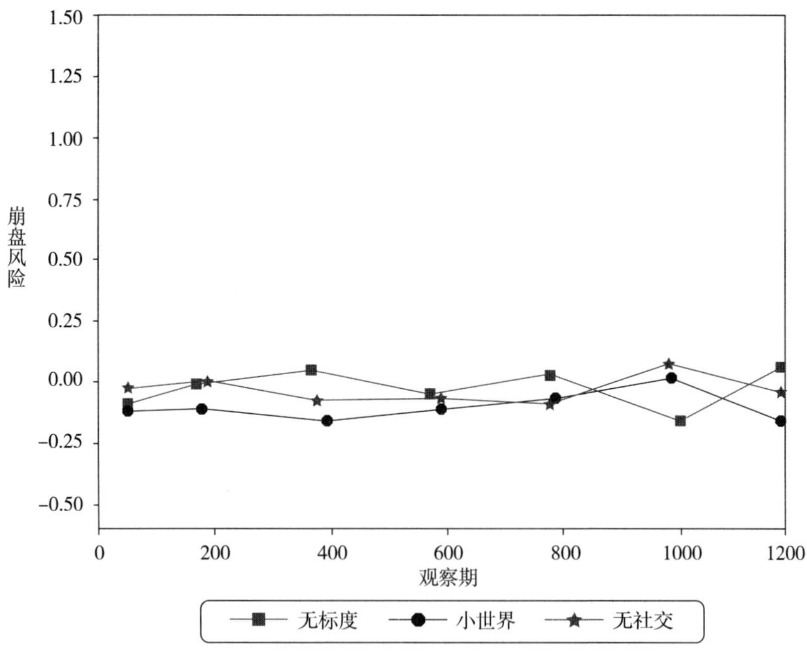

图 4-16　信息披露层次为 8 时的崩盘风险演化图

由图 4-16 可知，当信息披露层次为 8 时，无标度网络结构的崩盘风险最大，无社交网络结构的崩盘风险次之，小世界网络结构的崩盘风险最小。

二、不同信息披露层次下网络结构与崩盘风险趋势

按照投资者获取企业股利发放信息量的层次分类，探讨图 4-17～图 4-25，从 9 个信息披露程度下网络结构与崩盘风险之间的趋势关系可以看出，当信息披露处于第 0 层次和第 1 层次的时候，小世界网络结构的崩盘风险最大；当信息披露层次在［2，7］区间时，小世界网络结构的崩盘风险最小；当信息披露层次处于第 8 层次时，无标度网络结构的崩盘风险最大，无社交网络结构的崩盘风险次之，小世界网络结构的崩盘风险最小。另外，不同信息披露程度下三种网络结构箱线图都比较短，说明三种网络结构崩盘风险的波动幅度不大。

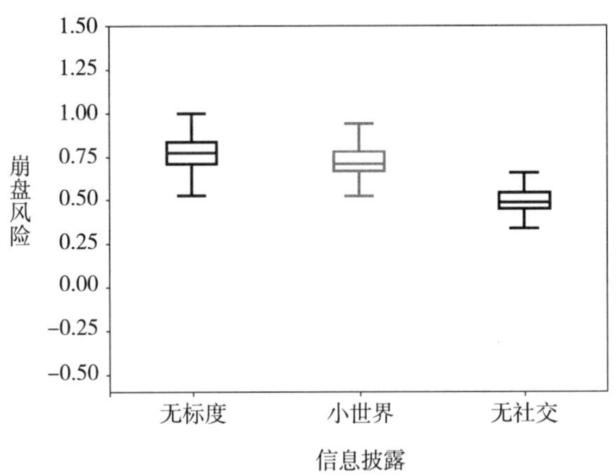

图 4-17　信息披露层次为 0 时的崩盘风险趋势图

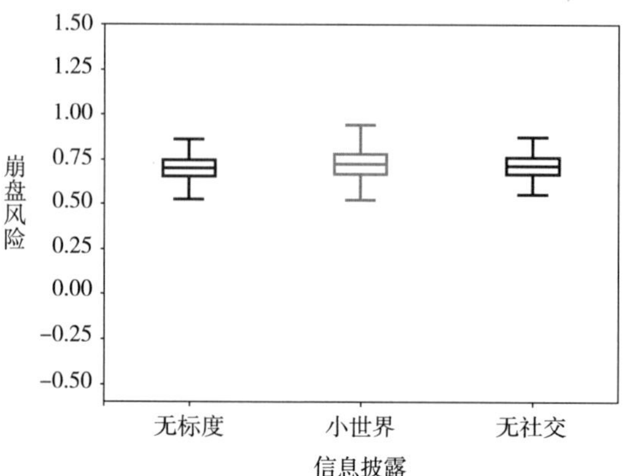

图 4−18　信息披露层次为 1 时的崩盘风险趋势图

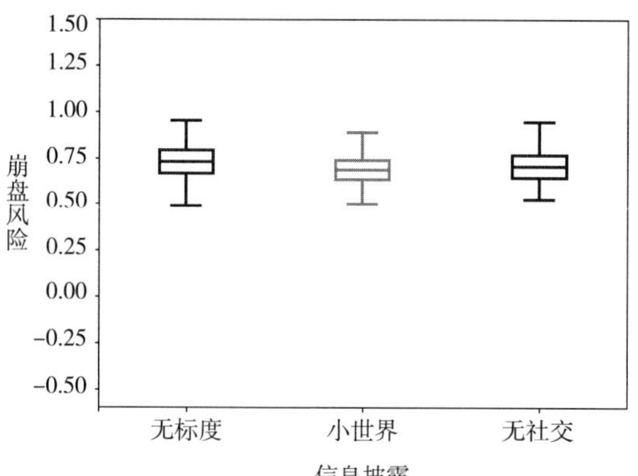

图 4−19　信息披露层次为 2 时的崩盘风险趋势图

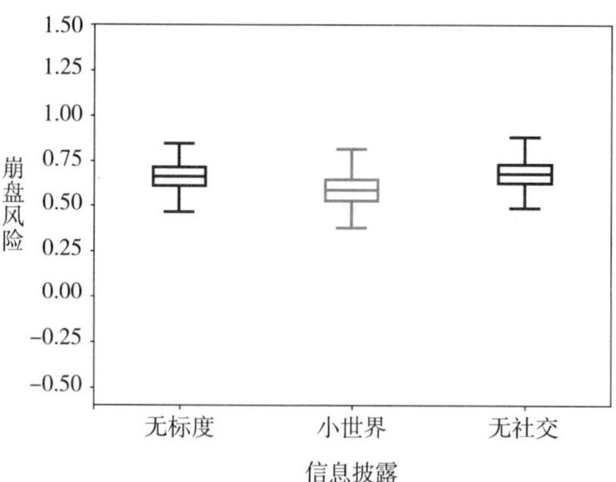

图 4−20　信息披露层次为 3 时的崩盘风险趋势图

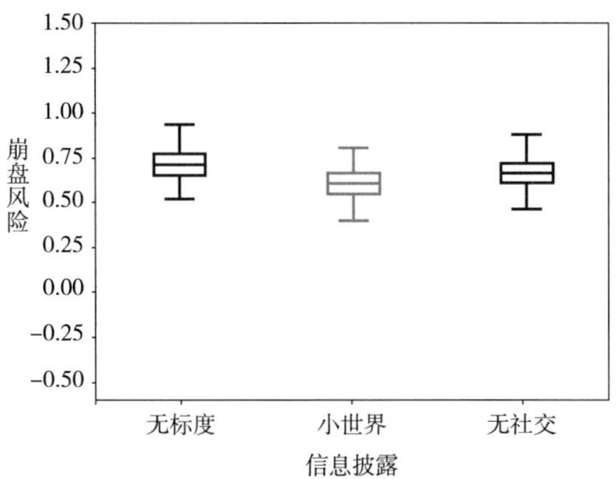

图 4-21 信息披露层次为 4 时的崩盘风险趋势图

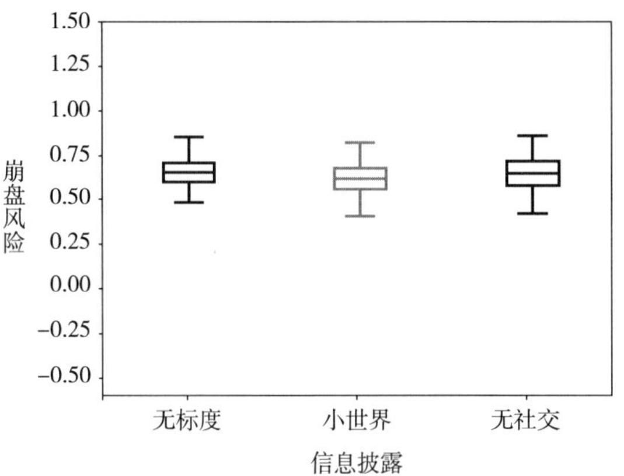

图 4-22 信息披露层次为 5 时的崩盘风险趋势图

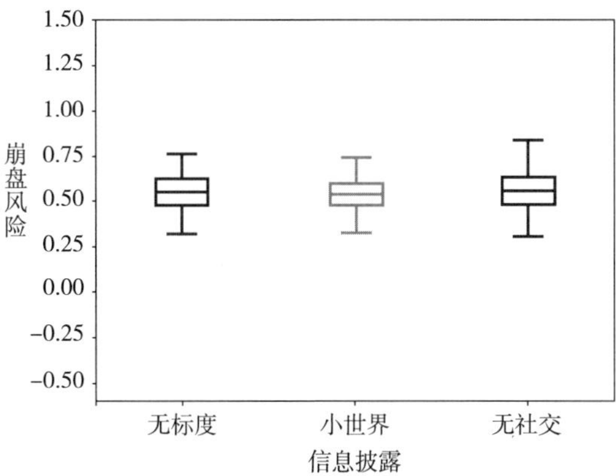

图 4-23 信息披露层次为 6 时的崩盘风险趋势图

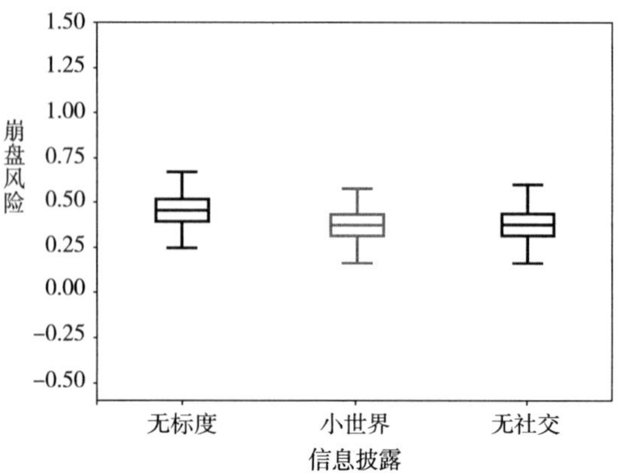

图 4-24　信息披露层次为 7 时的崩盘风险趋势图

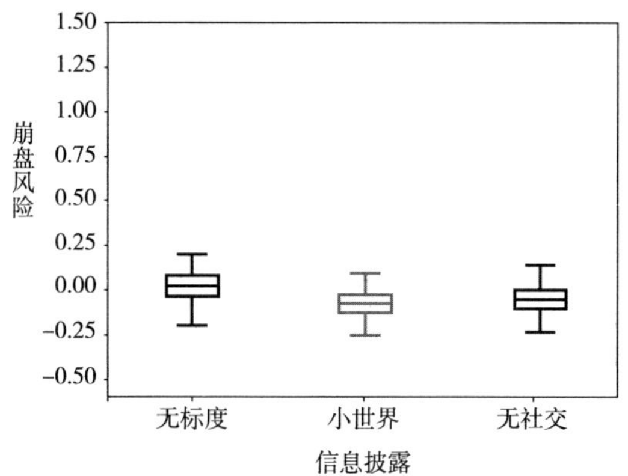

图 4-25　信息披露层次为 8 时的崩盘风险趋势图

第四节

本章小结

本章利用 JAVA 语言编程获得股票市场信息披露与崩盘风险关系的仿

真数据并进行相关研究，采用该研究方法很好地解决了线上社交网络虚拟和线下社交网络地理分散、投资者的社交网络数据和信息层次度量数据难获得等问题，得出了与现实市场契合的非常有意义的结论。

（1）不同网络结构环境下的股票市场，在信息披露层次处于［0，7］区间时，崩盘风险差异性不大，随着信息披露层次的提高，崩盘风险呈下降趋势，也就是说，信息披露层次越高，崩盘风险越低。特别是当信息披露层次处于第8信息层次时，不同网络结构下的崩盘风险均明显低于前7个信息披露层次下的崩盘风险。也就是说，当信息全部披露出来后，崩盘风险较前面信息披露层次下的崩盘风险明显下降。

（2）股票市场处于不同信息披露层次下，随着信息披露层次的提高，小世界网络结构的崩盘风险逐渐变小。但是在不同的信息披露层次下，三种网络结构崩盘风险之间的差异并不大，非常微小。

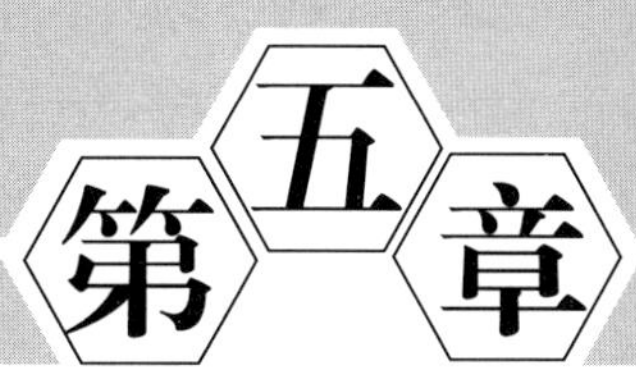

基于信息披露和社交网络的期货市场模型

不同于股票市场中投资者收益受股利及价格动态双因素的影响，在期货市场中，投资者收益与期货内在价值的联系更加紧密。在期货市场上，内在信息的优势更容易体现并转化为收益。本章将内在价值信息这一因素从其他市场信息中划分出来，同时参照股市模型的构造方法，引入信息披露、信息交互网络和机制，同时提出适用于期货市场的市场出清机制和基于社会学习的策略优化机制，构建基于信息披露和社交网络的期货市场模型。

第一节 模型构建思路和流程

在股票市场中，市场的信息可以分为三大类：股利发放信息、股价与股利的预期信息、投资者的需求量信息。本章分析的同样是这样一个受多维度信息影响的市场，研究在这些信息共同作用下的市场价格动态、收益动态和效率动态。期货市场模型构建的目的与股市不同，内在价值信息在期货市场中能够发挥出更大的作用，市场没有股利信息且能够很好地隔离价差信息。故本章将期货市场作为股票市场的对照组，集中研究资产的内在价值信息，或者说内幕信息在市场中的独特作用。

在期货市场模型的构建中，本章也将期货市场的复杂性特征纳入其中。这些特征主要体现在如下三个方面：

一是信息传播渠道的多样性。在期货市场中，内幕信息更具有价值，带给投资者收益的增幅也更加直观，其传播渠道与股市类似。这是因为主流社交媒体已经得到了广泛的认可和应用，不同市场的投资者使用几乎相同的社交工具，也面临类似的媒体信息。在期货市场中，投资者获取信息的渠道多种多样，包括电视、报纸、广播等传统媒体，在线论坛、讨论群、网络直播、App 应用软件等新兴媒体，以及投资者与投资者之间使用的社交网络。

二是策略的多样性与动态性。期货市场中，投资者使用的策略形式更多样。市场价格波动更剧烈、更频繁，没有一种策略能够一直适应市场环境。同时，投资者不用遵循单一的资产投资方式，可以根据自身获得的信息灵活地变换预期规则以适应市场环境变化。

三是交易的频繁性与自发性。期货市场中投资者的投机性较强，市场需要竞价机制来实现连续且频繁的价格波动，因此交易异常频繁。并且由于投资者能通过提交少量的保证金来撬动大的投资订单，价格的微小调整都对投资者的收益造成巨大的影响，因此市场中投资者自发性较强。

本章构建的期货市场模型，将信息传播渠道分为社交网络和公众媒体两大类。公众媒体作为市场信息的披露渠道传播公开信息，社交网络则作为私有信息的传播渠道。为便于对比，本章仍将社交网络分为线上社交网络和线下社交网络。对于策略的多样性和动态性，期货市场模型引入社会学习理论并使用遗传程序（遗传规划算法）来进行策略的优化，这一算法是对遗传算法的改进，能够生成指定数学形式之外的预期策略，使市场满足策略的多样性和动态性特点。对于交易的频繁性和自发性，期货市场模

型使用指令驱动的交易机制来实现。

市场出清和价格形成机制仍然是期货市场建模需要重点分析的对象之一。市场由投资者提交买卖订单，以竞价的方式实现交易。投资者会根据从市场中获取的信息以及从邻居处获取的信息对最终期货资产的内在价值形成一个预期，投资者的出价决策完全由预期决定。市场上的所有投资者根据预期决策向交易系统提交订单，交易系统根据收集到的订单完成撮合成交，并将成交价作为市场出清价格公之于众。为了维持市场的流动性和交易量，期货市场模型使用定期收集定期撮合的订单交易方式。也就是说，交易系统每期会定期收集投资者的订单，并撮合整期的订单。提交到交易系统的订单一般不会马上成交，而是等待其余投资者完成订单提交后一起进行撮合交易。

第二节 市场结构、期货内在价值信息和投资者决策

在股票市场中，股票价格波动能够给投资者带来收益，股利红利的定期支付也能够给投资者带来收益。就基本价值投资者而言，其通常会选择购买预期现金流充足的企业股票，使用购买并持有的策略，等待企业支付股利来满足自己长期的投资需求。但就市场中的大部分投资者而言，股价短期波动带来的价差收益才是吸引他们的主要因素，他们通常会根据获取的信息对股票做短线买卖交易，通过低买高卖赚取差价。在股票市场中，

跨期投资收益是根据期初和期末的价差以及期间所支付的股利来计算的，市场中的投资者能够通过多种渠道获取信息，最终形成股价与股利的预期，并做出最大化效用的决策。但在期货市场中，投资者利用期货合约的买卖价差及到期交割两种方式获利。期货市场的投资者仅需要交付少量的保证金便能进入市场交易。期货交割与股票交割不同，可以分为两大类，一类是现金交割，另一类是实物交割。现金交割的方法较为简单，即按照期货买卖方向以及买卖时的价格与结算日交割价的差额，计算交易双方的交易盈亏，并根据盈亏情况进行现金结算。现金交割过程不涉及实物交付，投资者仅需要支付对应的货款即可完成交割。实物交割中，期货合约的卖方需要在交割日将期货合约的标的物按照合约条款的质量及数量提交至交易所指定的仓库完成交割，而期货合约的买方则需要将相应的货款付清后在交易所指定的仓库提货，完成交割。

鉴于期货市场的特征，本章在期货市场模型中引入期货内在价值的概念，即将标的资产到期日的价格作为期货的内在价值，并将标的资产到期日的价格信息作为内在价值信息。为了突出信息在市场中的价值，本章将价格信息和价值信息隔离开来研究。本章仅对单期且需持有至到期的期货市场进行建模，该设计使模型更集中于期货市场交割获利的特征。期货市场中投资者的杠杆操作使其交易额更少受到投资者收入和财务的约束。因此，本章构建的期货市场模型取消投资者的预算约束，这样效用最大化投资者的投资决策将与收益最大化相同。

一、市场结构

期货市场与现货市场不同，在现货市场中，投资者交易的是实实在在的商品和服务，而在期货市场中，投资者交易的是标准化的合约。期货更

像是一种承诺，投资者通过买卖期货合约来消除未来交易的不确定性。期货的内在价值即为其标的资产的内在价值。本章以股票期货为例，期货合约交割时的股票价格即为该份期货合约的内在价值。为了简化分析，本章假设标的资产价格的分布是外生决定的。

假设市场上可供投资的仅有单一期货资产，交易结束该期货都会根据内在价值进行收益结算。与股票市场不同，期货市场的资产存在内在价值，期货到期都需要按照其内在价值进行交割。不同于股利发放信息在股市模型中的间接作用，期货内在价值信息的作用在期货市场能够更完整地体现。

二、期货内在价值信息

定义期货的内在价值为 V_t。将期货内在价值的影响因素拆分成独立的子因素 ϖ，单独分析每类因素的影响效果，最后通过线性加总得到该证券最终的内在价值。例如，将这些因素分解为内部因素和外部因素两类，或者将这些影响因素分得更细致一点，分为经济环境因素、通货膨胀因素、市场成熟程度因素、标的资产流动性因素等。V_t 可表示为：

$$V_t = \sum_{i=1}^{n} \varpi_{i,\ t} \tag{5-1}$$

式（5-1）中，内在价值 V_t 被拆分为 n 个影响因子，$\varpi_{i,\ t}$ 为表征第 i 个影响因素的随机变量，将其定义为期货的内在价值信息。投资者可以通过获取全部的内在价值信息 $\varpi_{i,\ t}(i=1,\ 2,\ \cdots,\ n)$ 来准确地得知期货的内在价值 V_t。投资者对内在价值信息 $\varpi_{i,\ t}$ 掌握数量越高，就越能够准确地预测出期货价值。

假设每个影响因素 $\varpi_{i,t}$ 均为 $i.i.d$ 过程，且服从高斯分布，即 $\varpi_{i,t}\sim$

$N(\mu_{\tilde{\omega},i}, \sigma^2_{\tilde{\omega},i})$。由高斯分布的线性可加性得出 V_t 仍服从高斯分布 $V_t \sim N\left(\sum_{i=1}^{n}\mu_{\tilde{\omega},i}, \sum_{i=1}^{n}\sigma^2_{\tilde{\omega},i}\right)$。尽管影响因子在数学形式上可以实现相互替换，但为保证影响因子的经济学含义，本章设定不同影响因子 $\varpi_{i,t}$ 之间不可以相互替换，且总是将影响因子按照市场中的信息披露顺序依次排列。该设定有助于形成累进信息层次，也就是说，高层次的信息总是对应高的信息成本，投资者无法加总低层次的信息来获知高层次的信息。

三、投资者决策

在股市的跨期交易中，投资者需要在给定预算约束下寻求效用最大化。在单期的期货市场中，投资者无跨期约束，此时效用最大化原则与收益最大化原则相同，本章使用更为简单和实际的收益最大化原则进行建模：

假设市场中共有 η 个投资者，他们按照最大化收益的原则进行决策。将投资者 k 的目标函数写成：

$$\mathrm{Max}\pi_k = (P_t - V_t) \times S_{k,t} - C_k \tag{5-2}$$

式（5-2）中，π_k 为投资者的利润总额，P_t 为期货第 t 期的市场价格，V_t 为期货第 t 期末的期货内在价值，C_k 为投资者的信息成本，$S_{k,t}$ 为投资者的需求量。

在股票市场模型中，投资者的收益是根据两期买卖差价决定的。投资者需要根据信息来预测下一期的股利和股价，从而实现效用最大化。在期货市场模型中，投资者不再关心下期的期货价格，当期的内在价值才是决定投资者收益的关键性因素。

第三节
信息披露和异质期货价值预期

与股市模型不同的是，在期货市场模型中，历史价格或价值信息将不再影响投资者的收益。投资者的预期完全由信息主导，预期的异质性能够反映出投资者信息的异质性。市场投资者的预期将决定当期的市场价格，投资者的收益完全由期初公布的市场价格（或执行价）和期末公布的内在价值决定。在该市场条件下，内幕信息，即期初知晓期末公布的内在价值，能够使投资者占据绝对的优势地位并以此获利。期货市场使用固定投资者交易量这种更直观的价格预期方式。也就是说，投资者根据信息判断期货内在价值的大小，并将该值作为价格预期，向交易所提交限价订单。

一、市场信息和信息披露

期货市场如同其他开放的复杂系统，市场中的投资者会通过电视、广播、网站、直播、网评等社交媒体接收到权威机构发布的公众信息，市场上的投资者能够很轻易地获取到这些信息，不需要支付额外的成本。公众信息发布的多少会影响市场的信息不对称程度，从而影响投资者的决策和收益。权威机构对信息的发布往往是不及时和不充分的，本章在市场中构建了信息披露过程。

对于信息披露的期货市场，资产每期总根据内在价值交割结算，内在价值不由历史价格决定，历史价格信息不再具有指导作用。市场上的投资者仅需要获取内在价值信息 $\varpi_{i,t}(i=1, 2, \cdots, n)$ 。内在价值的分布为公共信息，不需用支付信息成本，用符号 Γ_t 表示该信息集。获取额外的期货价值信息需要支付相应的成本，信息成本是累进的，即获取的信息越多，需要支付的信息成本也就越高。本章将获取相同信息的投资者定义为同一信息层次，信息层次使用符号 $\xi \in [0, n]$ 表示，信息层次为 ξ 的投资者的信息集使用符号 $F_{\xi,t}$ 表示。如表 5-1 所示，信息层次为 0 的投资者只能够获知市场中的公众信息，无法获知多余的私有信息，公众信息能够轻而易举地得到，他们不需要为此支付任何信息成本，这类投资者往往是随机策略交易者或噪声交易者。表 5-1 中，$C_n > C_{n-1} >, \cdots, C_1$，即获取更高信息层次的信息需要支付更高的信息成本，成本越高，得知的私有信息数量就越多，表现为得知的信息 $\varpi_{i,t+1}$ 越多。本章将获取全部信息的投资者定义为内幕交易者，该类投资者因为完全拥有期货价值信息而占据了绝对的优势地位。

表 5-1　不披露内在价值信息时信息层次与所获取信息的对照

信息层次	花费成本	私有信息	公众信息
0	0	无	Γ_t
1	c_1	$\varpi_{1,t}$	Γ_t
2	c_2	$\varpi_{1,t}$，$\varpi_{2,t}$	Γ_t
⋮	⋮	⋮	⋮
n	c_n	$\varpi_{1,t}$，$\varpi_{2,t}$，…，$\varpi_{n,t}$	Γ_t

期货市场信息透明程度会对投资者的预期收益产生重要影响，透明程度较高时，市场对内在价值信息的披露较完备，投资者的公众信息较多而私有信息差异较小；透明程度较低时，市场的内在价值信息披露不足，

投资者的公众信息较少而私有信息差异较大。如表 5-2 所示，对信息 $\varpi_{j,t}(j=1, 2, \cdots, m)$ 进行披露时，此时的公众信息集变为了 $\{\varpi_{j,t}(j=1, 2, \cdots, m), \Gamma_t\}$，私有信息随着信息层次和信息成本的增加不断地增多。

表 5-2　披露部分内在价值信息时信息层次与所获取信息的对照

信息层次	花费成本	私有信息	公众信息
0	0	无	$\varpi_{j,t}(j=1, 2, \cdots, m)$，$\Gamma_t$
1	c_1	$\varpi_{m+1,t}$	$\varpi_{j,t}(j=1, 2, \cdots, m)$，$\Gamma_t$
⋮	⋮	⋮	⋮
n	c_n	$\varpi_{m+1,t}$，$\varpi_{m+2,t}$，…，$\varpi_{m+n,t}$	$\varpi_{j,t}(j=1, 2, \cdots, m)$，$\Gamma_t$

市场信息披露程度较大时，投资者从市场上获取到的公众信息较少，私有信息较多，不同信息层次间投资者收益的差距化较大，内幕信息的价值将更容易凸显；市场信息不对称指标值较小时，投资者从市场上获取到的公众信息较多，私有信息较少，不同信息层次间投资者的收益差距化程度较小，内幕信息的作用将弱化。

二、投资者的异质期货价值预期

理性预期研究框架中，市场上的投资者对信息的获取和掌握程度是异质的，但投资者们会形成一致的后验信念，投资者的异质性仅体现在风险偏好中。以效用最大化为决策原则的投资者根据相同的后验信念来形成需求，并完成交易和市场出清。笔者在第三章的股市模型中，已对理性预期框架中投资者异质性进行了信息、资产、能力、偏好、社交网络五个层面的扩展。虽然各个层面的因素都会对投资者的预期产生显著的影响，但投资者的预期由信息异质性主导，所以在期货市场模型中笔者着重考察投资者的信息异质性。本章将信息层次为 ξ 的投资者 k 在信息集 $F_{\xi,t}$ 下对期货价值的预期表示为：

$$E_k(\nu_t \mid F_{\xi,t}) = (\sum_{j=1}^{\xi} \varpi_{j,t} + \sum_{i=\xi}^{n} E_k(\varpi_{i,t} \mid F_{\xi,t})) \tag{5-3}$$

式（5-3）中，$E_k(\varpi_{i,t} \mid F_{\xi,t})$ 为对未知信息的预期，私有信息不再起任何作用，此时有 $E_k(\varpi_{i,t} \mid F_{\xi,t}) = E_k(\varpi_{i,t} \mid \Gamma_t)$。由 $\varpi_{i,t}$ 的分布已知，故投资者可以使用 $\varpi_{i,t}$ 的实现值 $\hat{\varpi}_{i,t}$ 作为其预期，投资者对期货内在的预期可表示为：

$$E_k(\nu_t \mid F_{\xi,t}) = \sum_{j=1}^{\xi} \varpi_{j,t} + \sum_{i=\xi}^{n} \hat{\varpi}_{i,t} \tag{5-4}$$

市场中，$\hat{\varpi}_{i,t}$ 与 $\varpi_{i,t}$ 是完全不同的，虽然 $\varpi_{i,t}$ 在市场期初也会由系统从分布中进行随机数的选择，但与 $\hat{\varpi}_{i,t}$ 不同的是，$\varpi_{i,t}$ 将最终决定期货的内在价值在期末会公之于众，为所有投资者知晓且认可，而 $\hat{\varpi}_{i,t}$ 则是投资者的一个预期值，它是投资者在看到 $\varpi_{i,t}$ 的实现值后，再从固定分布中抽选出来的随机数。同一信息层次的投资者接收到的 $\varpi_{i,t}$ 是相同的，而预期规则中的 $\hat{\varpi}_{i,t}$ 则是不同的。

第四节 动态线上、线下交互网络和双向信息交互机制

期货市场和股票市场在投资者的社交网络结构上具有一致性，一是因

为主流社交媒体和工具已经比较普及，这些工具和媒体对所有投资者开放；二是因为投资期货市场的投资者与投资股票市场的投资者有交叉重合。期货市场将使用与股市相同的线上、线下的信息交互网络来刻画期货市场中投资者的社交网络。

在股票市场中，投资者可以选择传递股利预期和股票预期，也可以选择传递自身的最优需求量信息。期货市场放大了内在价值信息的作用，同时将投资者间传递的信息简化。投资者间传递的信息仅是关于资产内在价值的预期，因此，投资者能集中关注内在价值的异质性对市场造成的影响。

一、动态线上、线下交互网络

按照股市模型同样的思路，将期货市场中投资者的社交网络也分为线上社交网络和线下社交网络。线下网络以投资者面对面交流的社交圈为代表。线上网络主要是指投资者使用接入互联网的工具和软件，如微博、微信、线上论坛等形式进行网络交流的渠道。在市场初始状态下，本章也使用静态 WS 小世界网络来刻画线下网络的短平均路径长度和大的簇类系数，使用静态 Modified BA 网络来刻画线上网络的幂率分布特征及大簇类系数。随着市场的运行和投资者策略的优化，社交网络也随之并行优化和结构调整。

期货市场模型将投资者视为网络中的节点，投资者间的社会联系视为边。初始网络为由 η 个投资者节点组成的环状网络，该环状网络中的任一节点都与其左右对称的 r 个节点相连，随后依次以概率对网络中的边进行随机的重新连接，重新连接时要保证新生成的边不能与原有的边重合。网络中的边都经过随机重连后，就生成了初始的静态 WS 小世界网络。社交网络结构的生成是随着市场运行和投资者收益的变化进行的，收益 $Prob$ 相对较低的投资者会选择进行网络的优化，即删除与交流程度最小的一个邻居的连接，再随机从网络中连接一个新的投资者。选择收益较低的投资者通过构造两个投资者的集合来完成，第一个集合为收益低于邻居平均收益的投资者，第二个集合为对第一集合内的投资者按收益大小排序，选出收益较低的 ϑ 个，从第二个集合中随机抽选一位即为最终该收益相对较低的投资者。

市场初始状态下，投资者的线上网络构造仍遵循 Modified BA 网络构建过程，分为三个步骤：首先，生成具有 3 个节点的环状网络，然后在网络中加入新的节点，新节点与网络中原有的老节点的连接遵循优先连接规则和邻近连接规则。优先连接规则是指新节点总是会优先连接网络中度最大的 Bi 个节点。邻近连接规则是新节点会随机与老节点的 Bj 个邻居进行连接。其次，投资者间初始通过静态 Modified BA 网络建立连接关系，随着投资者策略优化的进行，社交网络结构也会随之优化。最后，收益较低的投资者会剔除邻居中交流程度最低的一个邻居，并使用优先连接原则，连接网络中其他投资者。

二、双向信息交互机制

在构建了投资者间的动态信息交互网络和信息交互的渠道后，这里将对投资者间的信息交互方式和机制进行解释说明。鉴于投资者获取内在价值信息后都会对其进行加工处理，本节特假设市场信息层次具有累进性，即高层次信息中总会包含该层次特有的一些信息，投资者不可以通过加总低层次的信息来得到高层次的信息。另外，本节还提出了另一合理假设，即投资者无法分割获取到的信息。基于该假设，可以得出投资者无法分离

高层次信息中的特有部分信息。如果允许投资者从高层次信息中分离出特有部分，将使投资者通过收集不同邻居的信息来获知完整内幕信息成为可能，这是不合乎情理的，因为信息是错综复杂的，信息的拆分将会使其失去意义甚至变成市场噪声。该假设下，市场上的投资者进行预期交流时不会泄露其原始信息，这样保证了投资者无法综合各邻居的信息来推断出资产的内在价值信息。

市场上的投资者与邻居进行交互的时点可能是不同的，即投资者与邻居交互的时点有先有后。该交互时点的确定能够在很大程度上影响投资者的交互结果。如果采用轮询的方式，让部分投资者先进行交互，则先交互的投资者获知的邻居预期是这些邻居的初始预期，即未经过交互后综合判断的预期。后进行交互的投资者所获得的邻居预期将是其邻居的最终预期，即他们的邻居已经完成了信息交互。轮询机制显然更加符合现实中的交互情况，但也会使模型增加不必要的复杂性，故本章在交互过程中统一交互时点，实现同时交互，每个投资者传递给邻居的预期都是原始预期，即未经过交互并综合的预期。

投资者从市场收集信息后，会形成对期货内在价值的判断（预期），随后会跟邻居交流期货内在价值的预期。投资者最终预期 $TE_{k,t}$ 由两部分组成，一部分是受邻居影响的预期部分，另一部分是自身判断所形成的预期部分，对这两部分以自信程度进行加权平均即为投资者的信息交互后预期。信息交互后的预期形成过程可以用公式表示为：

$$TE_{k,t} = (1 - g_{k,t}) \sum_{<k,l>} b_{k,l,t} E_{l,t}(\nu_t \mid F_{\xi,t}) + g_{k,t} E_{k,t}(\nu_t \mid F_{\xi,t}) \tag{5-5}$$

其中：

$$\begin{cases} b_{k,\ l,\ t} = \dfrac{R_{l,\ t} + C_l}{\sum\limits_{<k,\ l>} (R_{l,\ t} + C_l)} \\ b_{k,\ l,\ t} \in [0,\ 1];\ g_{k,\ t} \in [0,\ 1] \end{cases} \tag{5-6}$$

式（5-5）和式（5-6）中，$<k, l>$ 表示投资者 k 的邻居集合，l 表示该集合中的任一元素，即某一邻居。$E_{l,\ t}(\nu_t \mid F_{\xi,\ t})$ 表示邻居 l 对内在价值的预期。$b_{k,\ l,\ t}$ 表示投资者 k 的邻居 l 对其决策的影响力系数，或称交流程度。该系数的大小代表投资者 l 对投资者 k 的预期的单向影响效果的大小，系数值越大，则该单向影响效果越显著，k 与 l 的交流程度越强。$b_{k,\ l,\ t}$ 由邻居 l 的毛收益占投资者 k 的所有邻居毛收益的比重 $(R_{l,\ t} + C_l)/\sum(R_{l,\ t} + C_l)$ 决定，该比重越大，则影响力系数（或交流程度）越大。$E_{k,\ t}(\nu_t \mid F_{\xi,\ t})$ 表示投资者 k 对期货内在价值的预期。$g_{k,\ t}$ 表示投资者 k 的自信程度，该自信程度越大，投资者会更愿意相信自己的判断，越小则更愿意相信邻居的判断。

第五节

市场出清和社会学习

股市模型用做市商交易制度来出清市场，即市场中的投资者仅需根据做市商的双向报价提交需求订单，做市商会收集投资者的需求信息来调整报价，以满足市场出清条件。在期货市场中投资者仅需提供需求价格，因此，期货市场模型使用集合竞价交易系统来完成不同需求价格的订单匹配，从而实现市场的出清。

与股市模型一致，投资者仍根据每期的交易情况结算当期的损益。不同的是，股市模型中投资者的损益与当期的价差、股利、信息成本都相关，而期市模型中投资者的收益仅与交易价格和内在价值的差额及信息成本相关，与期末价格无关，也无股利等的额外收益。

由于期货市场模型对市场信息进行了简化，所以本章可以使用更为复杂的策略优化算法来实现策略的多样化。遗传程序又称遗传编程，是机器学习算法中的一种，是对遗传算法的一大改进，与遗传算法一样，由对生物进化规律的观察和分析构建而来。本章对投资者的预期进行遗传程序的优化。

一、集合竞价交易系统

由指令驱动的市场不需要做市商，投资者仅需向交易系统提交限价指令订单，在交易系统成交后自动结算收益即可。指令驱动系统可以分为连续竞价（连续型的指令驱动）和集合竞价（定期的指令驱动）两种。连续型的指令驱动系统下，指令到达交易系统后便可执行生效，随着指令订单的执行市场价格也不断形成，所生成的是一个相对连续变化的价格动态。定期指令驱动系统下，投资者的交易指令先由交易系统收集起来，然后在固定时间点进行订单的撮合成交，这种出清方式中的价格变化周期相对固定。目前，我国的上证交易所采用卖方叫价交易和买方叫价交易这两种混合的方式出清市场。市场开盘前采用集合竞价的方式来确定当日的开盘价，投资者在开盘前十分钟提交的订单将被统一撮合，按照价格顺序和时间顺序对买卖订单进行排列，而后从低到高依次对订单进行匹配，市场按照最大成交量原则来确定成交价，所有有效订单按照该成交价进行成交，直至订单不满足成交条件。开盘后提交的订单将按照连续竞价的方式成交，连续竞价中，新订单进入系统后，如果不能与原有订单匹配完成交易，则将在交易系统等待成交的队列中等待新订单的进入。如果新进入系统的买单能够立即与等待中的卖单成交的话，该笔交易称为卖方叫价交易；如果新进入的卖单能够立即与等待中的买单成交的话，该笔交易称为买方叫价交易。

期货市场模型采用集合竞价，即定期的指令驱动型市场出清机制。假设投资者 k 从市场获取信息并与其邻居进行预期交互后的最终预期为 $TE_{k,t}$，所有投资者会根据自身的最终预期向交易系统提交两份限价交易订单。因为模型不关心投资者的总财富，故假设每期交易仅允许投资者交易一单位资产。当市场价格 P_t 小于订单价格 $TE_{k,t}$ 时，投资者愿意买入一单位期货资产；当市场价格 P_t 大于订单价格 $TE_{k,t}$ 时，投资者愿意卖出一单位期货资产。市场出清价格为使交易量最大化的价格，根据分析可知，市场订单价的中位数能够满足该出清条件：

$$P_t = Median(TE_{1,t}, TE_{2,t}, \cdots, TE_{\eta,t}) \tag{5-7}$$

当提交系统的预期报价为奇数时，市场价格刚好为市场上所有投资者预期的中位数。当提交系统的预期报价为偶数时，此时中位数有两个，取两个中位数的平均值作为市场价格。

二、投资者收益和市场效率的刻画

市场根据集合竞价的方式出清后，投资者会根据市场价格、最终预期及交易量来确定当期交易的损益。

以投资者 k 为例，当市场价格 P_t 小于订单价格 $TE_{k,t}$ 时，投资者为买方，此时投资者 k 的交易量 $z_{k,t}=1$；当市场价格 P_t 大于订单价格 $TE_{k,t}$ 时，投资者为卖方，此时投资者的交易量 $z_{k,t}=-1$；当市场价格 P_t 等于订单价

格 $TE_{k,\ t}$ 时，投资者不参与该期的市场交易。投资者的损益可以表示为：

$$\pi_{k,\ t} = (V_t - P_t) \cdot z_{k,\ t} - C_{k,\ t} \tag{5-8}$$

式（5-8）中，$\pi_{k,\ t}$ 为投资者 k 在第 t 期的交易损益，V_t 为资产的内在价值，$C_{k,\ t}$ 为投资者 k 在第 t 期的信息成本。

同理，设投资者的收益比上期初投资得到本期交易的收益率（净）为：

$$R_{k,\ t} = \pi_{k,\ t}/p_t \tag{5-9}$$

在收益率中加上单位价格信息成本，就可以得到投资者的总收益率：

$$\overline{R}_{k,\ t} = R_{k,\ t} + C_{k,\ t}/P_t \tag{5-10}$$

市场效率的刻画与股市模型类似，将期市模型的市场非有效指标 eff_t 定义为：

$$eff_t = \frac{\sum_{i=t-CP}^{t} (V_i - P_i)^2}{CP} \tag{5-11}$$

式（5-11）中，CP 为市场效率的计算周期。市场效率与市场非有效指标呈负相关关系，市场非有效指标较大时，市场效率较低；市场非有效指标较低时，市场效率较高。

市场非有效指标对市场效率的刻画与市场信息不对称程度指标 ψ_m 具有一致性和联动关系。根据异质信念（Hause，2013，2015）相关研究的结论，市场的信息不对称程度较大时，投资者预期的差异化较大，从而价格波动较为剧烈，市场的非有效指标往往也是较大的；市场的信息不对称程度较小时，投资者预期的差异化较小，从而价格波动较为平缓，市场的非有效指标往往也是较小的。市场非有效指标与市场信息不对称程度指标又有差异性，市场信息不对称程度指标仅刻画了信息披露的不对称性，而市场非有效程度指标是一个更广范围的指标，其指标数值对信息不对称程度的反映是全方位的，而不仅仅局限于信息披露的不对称。

三、社会学习与遗传程序策略优化

在股市模型中，社交网络传递的信息有价格预期、价值预期和交易量预期三种形式。在期货市场模型中，为减少运算量和加强模型结果的直观程度，笔者采用相对简单的随机概率方式，并使用单一的价格预期表示社交网络间的信息，应用复杂的社会学习理论及遗传程序算法来实现预期策略的优化。

投资者的策略优化过程不应该仅根据自身所拥有的策略及适应度从内部进行优化。投资者作为社会主体，其策略的社会学习性质不容忽视。策略的社会学习，指投资者向市场中其余投资者、机构、高校等获取最优策略的一种方式。市场上的投资者不仅可以根据自身的投资经验来优化投资策略，还可以通过与其余投资者交流投资经验，学习更为科学的投资技巧，也可以通过参加管理学校、分析论坛等形式学习一些实用的投资策略来优化投资策略。投资者进行策略的社会学习可以提高自己获取高收益的可能性，降低亏损的概率。

随着社交网络的发展，投资者与市场上其他投资者的交流变得更加便捷，同时，投资者获得专业投资顾问服务和辅导的机会也大大增加了。投资者不再仅仅通过社交网络进行信息交互。投资者在与邻居的交流和讨论中，会有相互的学习行为。收益较低的投资者会主动模仿和复制市场上收益较高的投资者的投资策略，并在市场环境中不断测试这些被模仿和复制的策略，收益较高的策略更容易受到大家的认可而收益较低的策略会被投资者淘汰。在遗传程序中，笔者定义了复制、交叉、变异三类算子，来刻画投资者在社会学习过程中对策略的复制和改造。

投资者的社会学习不仅包含社交圈内投资者之间的策略学习，还包括社交圈外的策略学习，投资者通过新闻媒体、电视、直播等渠道进行的投资策略学习，除了商业化机构分享的策略，市场中还有高校等科研院所不断进行学术创新所提出的新的交易和投资策略。这些策略一般都经过了历史检验，并执行过预测筛选，具有良好的历史表现，组成了投资者的公共策略集。市场上的投资者和机构会自主地对这些策略进行对比，根据市场条件的变化不断测试这些策略的实用性和营利性。公共策略集有三大要点：一是通过公众媒体发布和分享的策略，能够为大部分投资者知晓；二是这些策略会根据市场条件的变化不断地更新；三是随着市场的运行，公共信息集中会不断有新策略进入和老策略退出。

在期货市场模型中，投资者的预期策略优化与信息层次优化是一致的，投资者会自主支付成本在市场中获取最优预期策略中所使用的信号。市场中，每个投资者仅保留一个投资策略，这些策略都是活动策略，即投资者会实时地参与市场交易并获得策略适应度反馈。市场中还存在部分策略没有被真实地用于市场交易，这类策略组成的集合称为未交易策略池。如图 5-1 所示，市场上所有投资者的策略与未交易策略池共同组成了公共策略池。对公共策略池使用遗传程序的优化算法进行优化，并在当前市场环境中根据收益的大小检测优化的结果，将收益最大的 ϑ 个策略组成优选策略集提供给投资者，作为其进行策略优化的最优策略备选池。

对策略的遗传程序优化，先将投资者的内在价值预期策略按照数字、字母、运算符三大类分割开来。数字为价值预期中的系数，字母为价值预期中的信号。再切割价值预期中的数字和字母成分，根据运算符的“目”数将数字与字母元素以树状结构连接起来。式（5-12）为预期形成过程，其中 $\omega_{j,t}$ 为字母，$\hat{\omega}_{i,t}$ 为按照分布抽选的随机数字。使用树状结构将其表

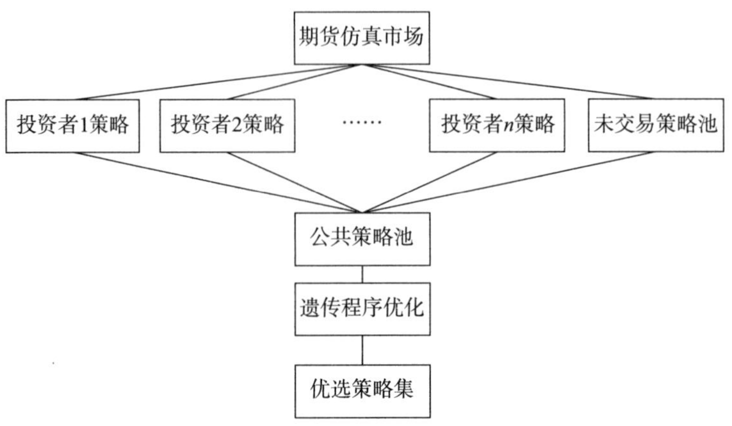

图 5-1 社会学习与公共策略池

示出来，如图 5-2 所示，图中圆圈代表运算符和字母，连接线代表运算关系，树形图的末端以字母或数字结束。本章总是采用将树形图从末端开始向上运算的方式得到最终的表达式。

$$E_k(\nu_t \mid F_{\xi, t}) = \sum_{j=1}^{\xi} \varpi_{j, t} + \sum_{i=\xi}^{n} \hat{\varpi}_{i, t} \tag{5-12}$$

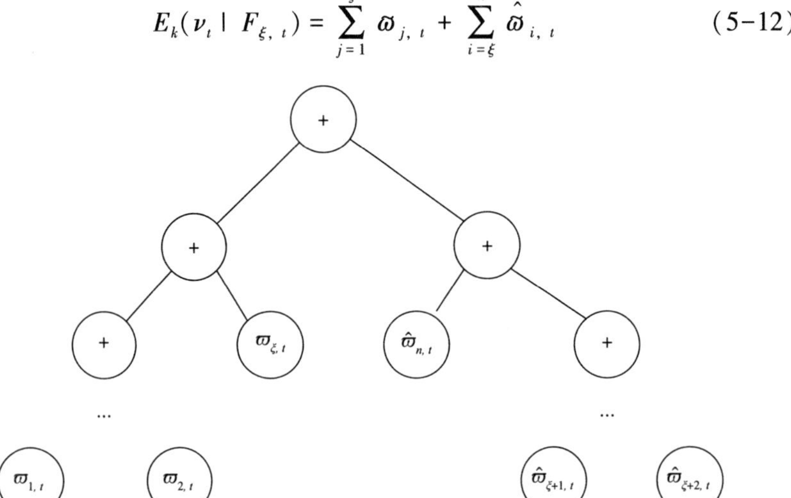

图 5-2 策略的树形结构展开图

在遗传程序算法的运算符集合中，除常见的加减乘除等单目运算符外，还有 *if*、*then*、*else* 双目运算符。*if*、*then*、*else* 运算符会根据条件决定最终该分支的取值。

将所有资产内在价值信号置入可供使用的字母集：

$$\{\varpi_{1,t},\ \varpi_{2,t},\ \cdots,\ \varpi_{n,t}\} \tag{5-13}$$

使用三大遗传算子，根据可用的运算符集和字母集对树形图里的分支或者节点进行复制、替换、变异等操作。随机从策略池中抽选两条规则，再随机抽选一遗传算子。复制算子被抽到的概率为 P_r，如果抽选到该算子，将从前述随机两条规则中选出一条，复制到遗传程序的备选策略集。交叉算子被抽中的概率为 P_c，如果抽中该算子，则对前述两规则执行交叉算法，即将两规则以树状结构展开，调换策略树上的某些分支，从而生成新的策略，再将新策略加入到遗传程序的备选策略池中。变异算子被抽中的概率为 P_m，如果该算子被抽中，则将从两规则中随机选出一条，改变该规则的构成，即将该规则的树状分枝替换为随机生成的分支。

如图 5-3 所示，本章将市场的公共策略池作为遗传程序的初始策略池，同时按照价值预期策略的生成规则随机生成公共策略池中的未交易策略池。对于策略池中的策略进行 N_g 代遗传算子演化得出最优策略。为减少运算量，控制策略池中的策略总数（设为 NT），策略池在每一代演化后对当前市场环境中的收益进行试算，剔除收益低的策略，以维持固定的策略总数。每一代演化会执行 M 次遗传算子，每一次遗传算子的执行又会生成 1~2 个新策略加入到原有的策略池中。在策略进行了 N_g 代演化之后，选出策略池中收益最高的 ϑ 个策略作为优选策略集，等待策略优化的投资者将从这些优选策略集中随机抽选一个策略来替代原策略，用于下期的投资决策。

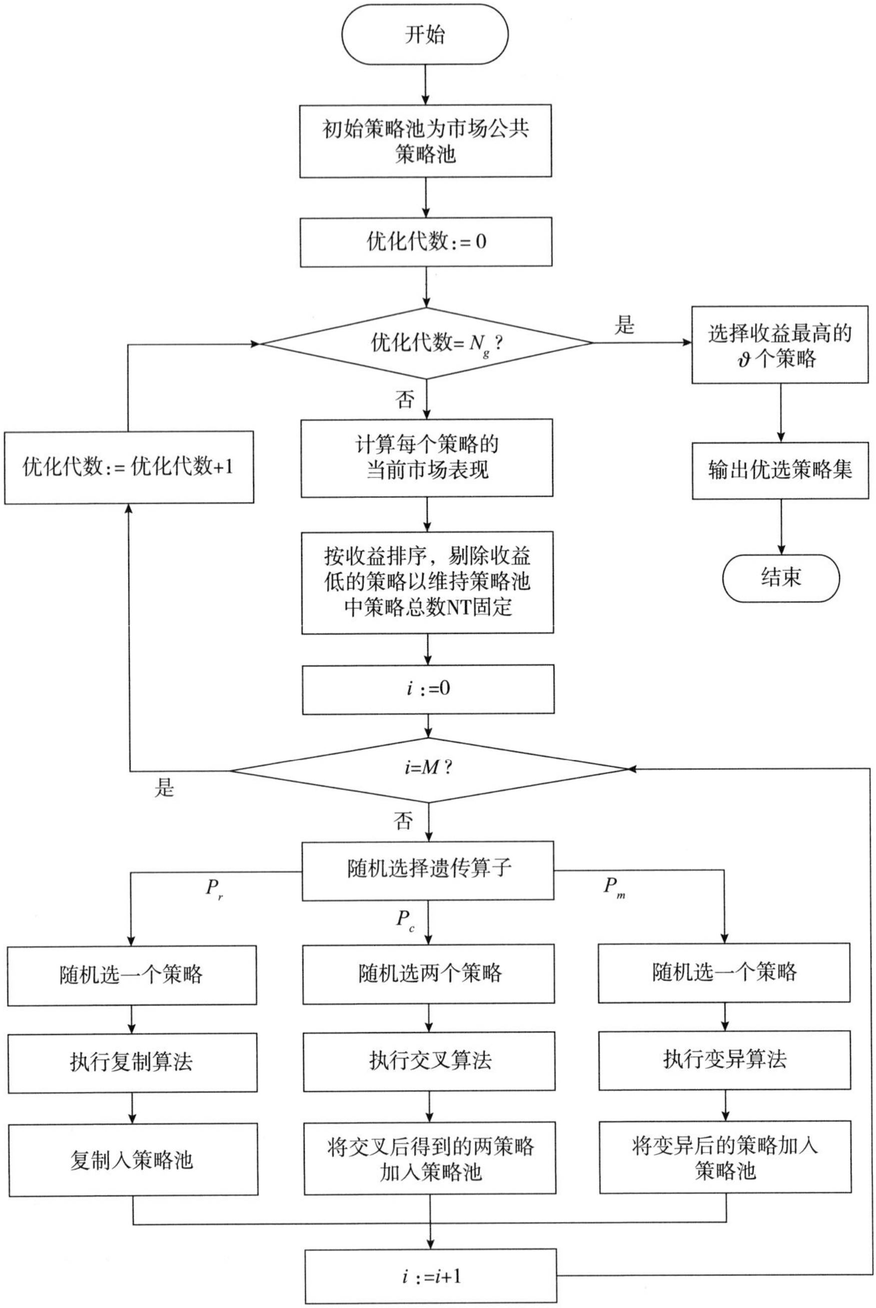

图 5-3　预期策略优化流程

社交环境下，投资者预期策略的优化会以邻居的收益为参照点。即使从市场层面来看，投资者拥有较高的收益，但如果该投资者在其社交圈内的收益相对较低，投资者仍然会因为攀比效应而选择进行策略的优化。本章依然使用三步竞标赛算法选出待优化的投资者，待优化的投资者需要满足两个条件：一是当期收益为负，二是收益比邻居的平均收益低。具备这两个条件后，有参照依赖的投资者才会主动进行社会学习并更新自身的预期策略。

对于自信程度的优化，本章仍然按照股市模型中的优化方法进行，即投资者根据收益率的大小来判断自信程度的调整方向。自信程度的调整仍按照加权平均的规则进行，即当投资者的收益比邻居的平均收益大时，投资者会肯定自己的投资策略及投资能力，将调大自信程度取值，在后期的决策中，投资者将更加依赖自身的预期进行。当投资者的收益相比于邻居的平均收益较小时，投资者会否定自己的投资策略与投资能力，将调小自信程度的取值，在后期的决策中，投资者将更加依赖邻居的预期和判断。将自信程度控制在0~1，当投资者自信程度超过1时，将不改变自信程度取值；同理，当投资者自信程度低于0时，将不改变自信程度取值。

第六节

本章小结

本章基于期货市场存在的信息传播渠道的多样性、策略的多样性和动态性、交易的频繁性和自发性这三个方面的复杂特征，研究期货市场的市场价格动态、收益动态、效率动态。参照股市模型的构造方法，引入信息披露、信息交互网络和机制，同时提出适用于期货市场的市场出清机制和基于社会学习的策略优化机制，构建基于信息披露和社交网络的期货市场模型。

本章在借鉴已有学者研究的基础上，对模型的构建做了以下改进：第一，将内在价值信息这一因素对市场演化的影响从其他市场信息中独立划分出来。第二，把社交网络分为线上无标度社交网络和线下小世界社交网络，将期货市场的信息传播渠道分为社交网络和公众媒体两大类。公众媒体作为市场信息的披露渠道传播公开信息，而社交网络则作为私有信息的传播渠道。第三，引入社会学习理论并使用遗传程序（遗传规划算法）进行策略的优化，很好地满足了期货市场策略的多样性和动态性特征。第四，采用竞价的订单驱动方式，设定投资者会根据市场中获取的信息及从邻居处获取的信息对最终期货资产的内在价值形成一个预期，投资者的出价决策完全由预期决定。市场上所有投资者根据预期决策向交易系统提交订单，交易系统根据收集到的订单完成撮合成交，并将成交价作为市场出清价格公之于众，很好地还原了真实期货市场中投资者提交买卖订单，以竞价的方式来实现交易的场景。第五，使用定期收集定期撮合的订单交易方式，即交易系统每期会定期收集投资者的订单，并撮合整期的订单。提交到交易系统的订单一般不会马上成交，而是等待其余投资者完成订单提交后一起进行撮合交易，很好地维持了市场的流动性和交易量。

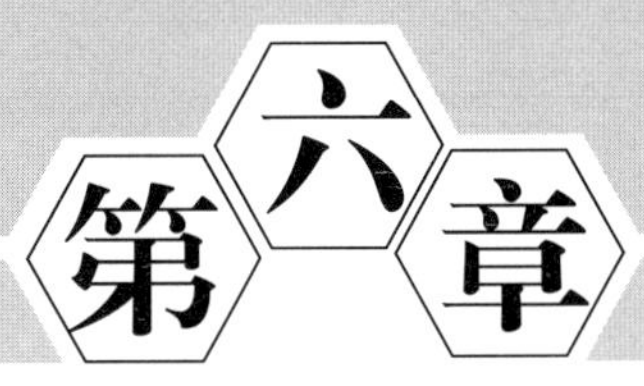

期货仿真市场信息披露与崩盘风险

期货市场中存在一种特殊信息——标的资产的内在价值信息，它使信息披露在市场中发挥作用的机制及效果与股市截然不同。基于在异质信息模型框架下引入社交网络、信息披露、社会学习等机制构建的期货市场模型，笔者运用计算实验金融方法将市场的微观机制聚合成人工期货市场，在固定社交网络结构下研究可变的信息披露与崩盘风险的关系，在固定的信息披露层次下研究可变的社交网络与崩盘风险的关系。

第一节 期货仿真市场

一、仿真市场流程设计

在期货市场中，资产内在价值信息期初就已经在市场中得到了发布，但这种发布与信息的披露不同，投资者获取发布的内在价值信息需要支付额外的信息成本。因此，投资者会权衡信息成本和信息所能带来的收益，选择获取不同层次的信息，随后投资者根据获取到的信息形成对期货内在价值的预期。在不考虑投资者间信息交互情形进行市场仿真的情况下，投资者以预期值为订单价向交易所提交两份限价指令订单。当市场价格小于订单价时，投资者愿意买入一单位期货资产；当市场价格大于订单价时，投资者愿意卖出一单位期货资产。当考虑投资者间的社会交互时，投资者会与邻居进行信息交互，共享各自的预期信息。投资者根据自己的预期以及邻居的预期来形成最终预期，并将该预期作为出价向交易系统提交订单，等待系统匹配成交。市场采用集合竞价的方式出清市场，即定期收集投资者的订单，根据最大化成交量的原则决定市场出清价。市场按照固定期限收集数据，数据收集的时间点称为观察期，每个观察期结束后投资者都会进行策略优化和网络优化。策略优化分为预期策略优化和自信程度优化两类，预期策略优化按照指定规则发生在部分低收益的投资者身上，而自信程度优化则对市场所有投资者适用，即每个观察期市场上所有投资者都会根据该期损益来调整自信程度。交互网络的优化也是按照既定的规则选择部分收益低的投资者进行优化，投资者完成策略优化和信息优化后将继续参与下期的交易。期货市场仿真流程如图 6-1 所示。

在第 t 期期初，投资者根据内在价值信息 $\varpi_{i,t} \sim N(\mu_{\tilde{\omega},i}, \sigma^2_{\tilde{\omega},i})$ 形成对期货价值的预期，根据预期向交易系统提交报价订单。交易系统根据最大化成交量的原则，采用集合竞价法，对收集到的全部订单进行匹配成交，进而形成最大交易量下的市场价格 P_t 。第 t 期期末，期货价值 V_t 揭晓，投资者按照内在价值交割并计算各自的损益。市场中的投资者会根据损失情况调整其预期策略，预期策略的调整以最大化下期预期收益为目的。随着上一期交易和交割的结束，第 $t+1$ 期期初，投资者根据新的资产价值信息和其策略形成对新一期期货价值的预期，从而开启新一轮交易。投资者预期策略的优化和更新，形成了动态的信息披露期货市场模型。

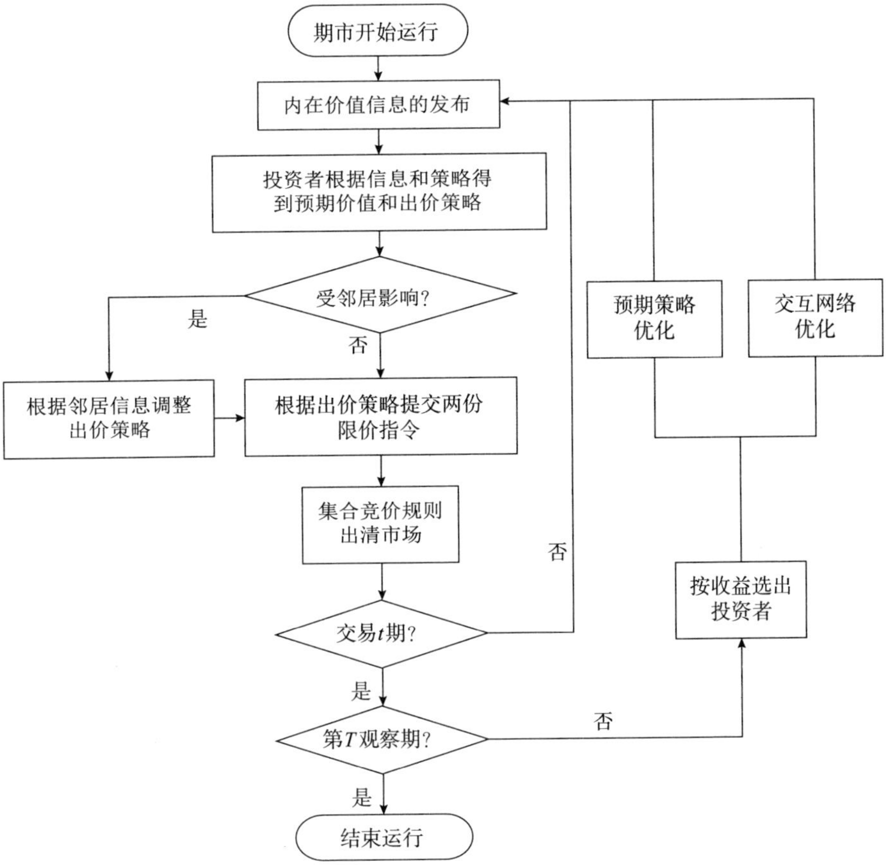

期市开始运行

内在价值信息的发布

投资者根据信息和策略得到预期价值和出价策略

受邻居影响？

是

否

根据邻居信息调整出价策略

根据出价策略提交两份限价指令

集合竞价规则出清市场

交易t期？

否

是

第T观察期？

否

是

结束运行

预期策略优化

交互网络优化

按收益选出投资者

图 6-1　期货市场仿真流程

二、仿真市场参数设计

鉴于在期货市场中内在价值信息能够发挥出更大的作用，市场没有股利信息且能够很好地隔离价差信息。期货仿真市场集中于研究资产的内在价值信息，或者说内幕信息在市场中的独特作用，以及不同信息披露程度下网络结构与崩盘风险之间的关系。为对比分析，期货仿真市场构建了两个市场：市场一探究不同网络结构下信息披露与崩盘风险的关系，市场二探究不同信息披露程度下网络结构与崩盘风险的关系。

期货市场仍然将市场中180个投资者从1~180进行编号，假设决定内在价值的信号因子总数为8，将投资者信息档次分为0、1、2、3、4、5、6、7、8这9个信息档次，以20个为一组，一共为9个组。初始投资者按照不同的网络生产规则，组成不同的网络结构作为初始信息交互网络，投资者在该网络中免费获取信息并进行最初的策略选择。投资者的另一信息获取渠道是通过支付信息成本从市场中搜寻，或者说是在市场中进行信息的购买。按照第五章期货市场模型对市场结构的设定，从市场渠道获取信息需要支付相应的信息成本，信息成本结构选用线性成本结构，其中边际信息成本为0.01。对初始自信成本、无风险利率、风险厌恶系数按照前人研究的典型值进行选取。策略优化参数，选取固定常数100、常变量参数0.05、最大试算周期10000。这些参数的选择不会对市场的运行造成影响，不同的取值仅改变模型运算的复杂程度。

系数和GP算法参数，仍然沿用信息披露社交模型的参数，以确保能形成对比。策略优化参数的选择如表6-1所示。

表6-1 人工期货市场参数的初始设置

类别		初始设置
市场参数	投资者人数	180
	信号因子总数	8
	边际信息成本	0.01
	总观察期	1200
	每观察期交易期	255
	每交易期交易次数	5
	总供给	0
	初始自信程度	0.5
	调整系数	0.01
	选择系数	4

续表

类别		初始设置
策略优化参数	复制算子概率	0.7
	交叉算子概率	0.25
	变异算子概率	0.05
	遗传算子演化代数	10
	策略池策略总数	1000
	每代算子执行次数	1000
网络参数	总节点数	180
	随机重连	0.5
	左右连接	2
	优先连接	3
	邻近连接	1

三、仿真市场数据处理

本书将崩盘风险定义为在企业收益回报调整等因素的共同影响下，企业特有收益分配出现极端负值的概率。对于崩盘风险的数据处理，本书定义“年”作为一个观察期，“周”作为一个交易期。仿真市场中共设定1200个观察期，每个观察期中有255个交易期，每个交易期进行5次交易，并对收益率取对数。使用个股周收益率对市场周流通市值加权平均收益率回归，使用负收益偏态系数（Negative Conditional Return Skewness）作为第一个崩盘风险指标，记为 $NCSKEW$ 。计算方法为：

$$NCSKEW = -\left[n(n-1)^{3/2}\sum w^{3}_{j,\tau}\right] / \left[(n-1)(n-2)\left(\sum w^{2}_{j,\tau}\right)^{3/2}\right] \tag{6-1}$$

式（6-1）中，n 为股票在第 t 年中交易的周数。

按照如式（6-1）所示的计算原则，本书对模型1200个观察期内的崩盘风险进行了计算，其描述性统计如表6-2所示。市场中崩盘风险的变化主要来自于社交网络、信息披露。在期货市场中，标的的内在价值信息起到了显著的作用。相对股票仿真市场，期货仿真市场的崩盘风险值相对更大，波动更小。

表 6-2　1200 期崩盘风险描述性统计

信息披露层次		0	1	2	3	4	5	6	7	8
无网络	计数	1200	1200	1200	1200	1200	1200	1200	1200	1200
	均值	-2. 1310	-2. 3145	-1. 8412	-1. 3415	-1. 7469	-1. 5328	-1. 1428	-0. 0217	-0. 8314
	方差	2. 1646	2. 6496	2. 5383	2. 2311	2. 0043	1. 9346	1. 7345	1. 3457	0. 3749
	最小值	-11. 2315	-9. 7235	-11. 3579	-8. 1532	-8. 1326	-6. 93412	-7. 8324	-5. 4794	-1. 3424
	最大值	6. 7645	6. 1289	7. 7418	8. 7530	5. 2335	4. 6746	7. 5035	6. 0134	0. 8545
小世界	计数	1200	1200	1200	1200	1200	1200	1200	1200	1200
	均值	-4. 2315	-4. 2364	-4. 1579	-4. 2145	-3. 2314	-3. 5632	-2. 7659	-1. 9564	-0. 5744
	方差	0. 3947	0. 5937	0. 4857	0. 4759	0. 5648	0. 5275	0. 6386	0. 5895	0. 9532
	最小值	-5. 3578	-5. 3759	-5. 2573	-5. 3465	-5. 4998	-4. 35957	-4. 2957	-2. 4669	-2. 9572
	最大值	-2. 8394	-2. 7483	-2. 4628	-2. 6285	-2. 4359	-2. 3965	-0. 8662	0. 4972	1. 3597
无标度	计数	1200	1200	1200	1200	1200	1200	1200	1200	1200
	均值	-3. 3324	-3. 4597	-3. 8975	-3. 2576	-3. 3756	-3. 4975	-3. 5953	-2. 8632	-1. 3475
	方差	0. 1533	0. 2257	0. 2375	0. 2374	0. 2857	0. 2234	0. 2324	0. 5746	1. 3258
	最小值	-4. 5124	-4. 4857	-4. 3849	-4. 5736	-4. 2587	-4. 1746	-4. 1365	-3. 2746	-4. 2847
	最大值	-3. 9472	-2. 4753	-2. 3756	-2. 3175	-2. 1846	-2. 2947	-2. 1846	-1. 7361	2. 4817

第二节

不同网络结构下信息披露与崩盘风险关系研究

期货市场与股票市场在投资者的社交网络结构上具有一致性，一是因

为主流社交媒体和工具已经比较普及，这些工具和媒体对所有投资者开放；二是因为投资期货市场的投资者与投资股票市场的投资者有交叉重合。依照股票市场设定不同网络结构的理论和思路，期货仿真市场将投资者的网络结构区分为无社交网络结构、小世界网络结构和无标度网络结构。期货仿真市场将继续探讨与股票仿真市场相同的无社交网络结构、小世界网络结构和无标度网络结构下信息披露与崩盘风险之间的关系。

一、无社交网络结构下信息披露与崩盘风险的关系

按照投资者获取的内在价值信息量的层次分类，做无社交网络结构下的崩盘风险演化图，如图 6-2 所示，市场初期不同信息披露层次下的崩盘风险都是从-2 开始变化，其值大致都是先缓慢减少，再迅速上升，波动率呈不断增加趋势。因为在市场初期，投资者未意识到自己处于信息劣势，不会从其他交易者的交易行为中获得信息，市场上还未有相关能影响收益的信息披露，也就是说，投资者异质信念还未形成，信息层次的差异性还未得以体现，因此，在不同的信息披露层次下，市场初期崩盘风险的起点是一致的。另外，从图 6-2 中可观察到，当投资者信息在第［0，7］信息层次区间时，崩盘风险的波动区间比较大，由此可知，无社交网络结构下的信息披露层次的增加并不能降低崩盘风险。但当披露全部信息时，即信息层次为 8 时，崩盘风险在［-3，0］区间波动，波动趋向稳定，说明在无社交网络结构下，披露全部市场信息时，崩盘风险的波动趋向稳定。

按照投资者获取的内在价值信息量的层次分类，做无社交网络结构下的崩盘风险与信息披露趋势图，如图 6-3 所示，当信息披露处于第 8 层次时，箱子最短，最大值与最小值之间的差值小，说明当信息全部披露出来

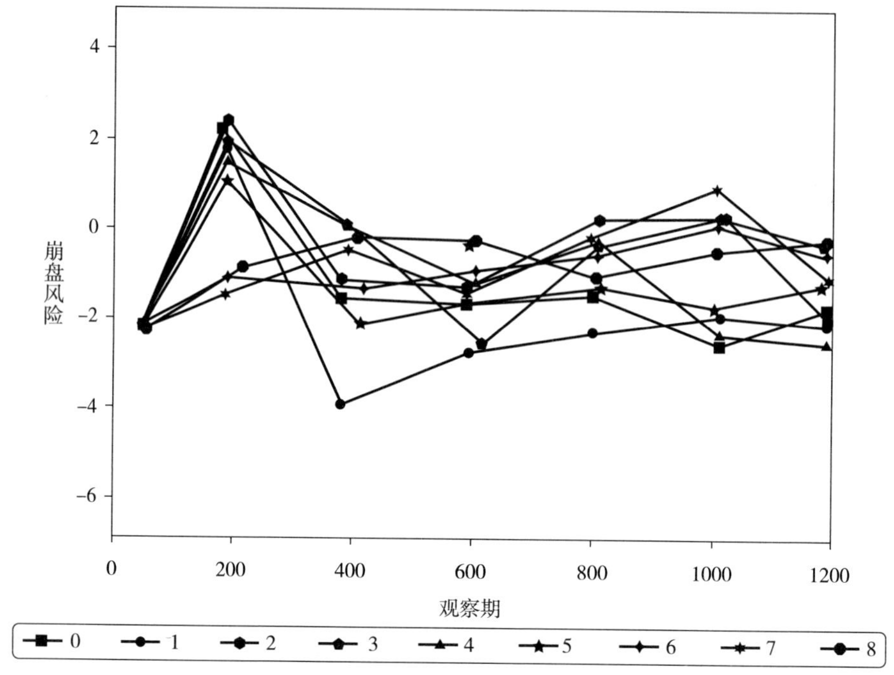

图 6-2　无社交网络结构下的崩盘风险演化图

时，崩盘风险波动明显减少。当信息披露层次处于［0，7］层次时，箱子相对较长，并且最大值和最小值之间的差值较大，说明当信息披露处于前7个层次时，崩盘风险波动较大。当信息披露处于［0，3］层次区间时，崩盘风险呈上升趋势，说明随着信息披露的增加，崩盘风险显著增加。当信息披露处于［4，7］层次区间时，崩盘风险有所下降，但是仍处于较高的位置，直到信息披露程度在第8层次时，崩盘风险才明显下降。说明当信息披露处于［0，7］层次时，随着信息披露层次的提高，崩盘风险并无明显的下降趋势，只有当信息处于全部披露出来的第8层次时，崩盘风险才会减少。

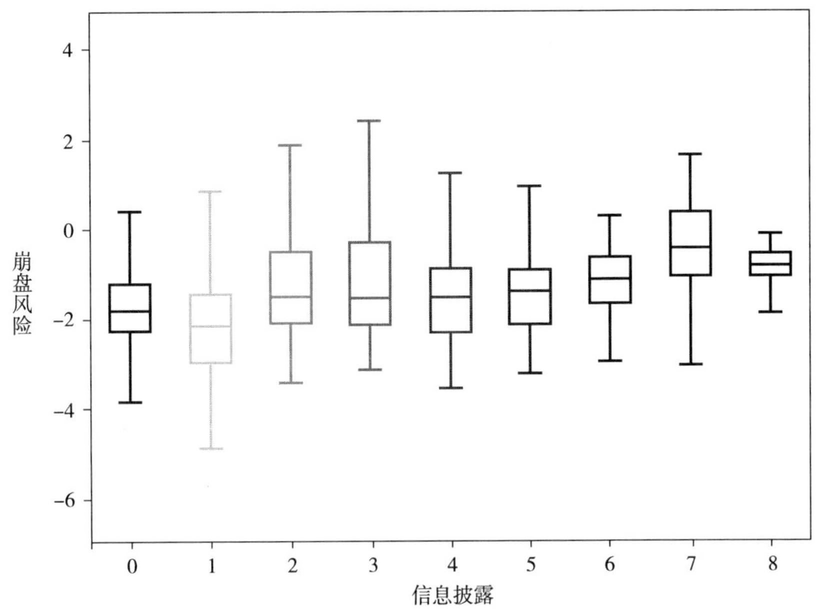

图 6-3 无社交网络结构下的崩盘风险与信息披露趋势图

二、小世界网络结构下信息披露与崩盘风险的关系

按照投资者获取的内在价值信息量的层次分类，做小世界网络结构下的崩盘风险演化图，如图 6-4 所示，市场初期不同信息披露层次下的崩盘风险都是从-2 开始变化，其均值呈下降趋势。小世界网络结构下的市场初期，投资者在自身异质性如偏好、禀赋、信息占有上的差异和投资者对相同的信息做出的不同判断等信念差异还未形成，他们一般只关注公开可得信息集合的一部分，没有时间和精力处理所有的信息，而且他们对部分信息的关注程度也可能不同，即使对部分信息的关注程度相同，也可能会在关注时间上存在差异。虽然投资者从市场发布和社会交互两渠道获取的信息不需要支付信息成本，但是如果主动搜寻信息是需要付出

额外的信息成本的。即使信息披露了，由于投资者还没有反应过来，没来得及发现和做出最优策略，投资者对外部信息的获取和自身异质性还没未对市场造成影响。因此，即使在不同的信息披露层次下，市场初期崩盘风险的起点是一致的，并且在观察期［0，200］内，崩盘风险呈下降趋势。在第200期之后，崩盘风险波动增加，其波动率呈不断增加趋势。当信息披露从第0层次向第8层次演变时，崩盘风险呈加剧趋势。当信息披露达到最高层次时，即信息披露处于第8层次，所有信息都披露出来，这时的崩盘风险最高。也就是说，在动态社交小世界网络结构下，信息披露的层次越高，崩盘风险越高，信息披露的层次越低，崩盘风险也越低。

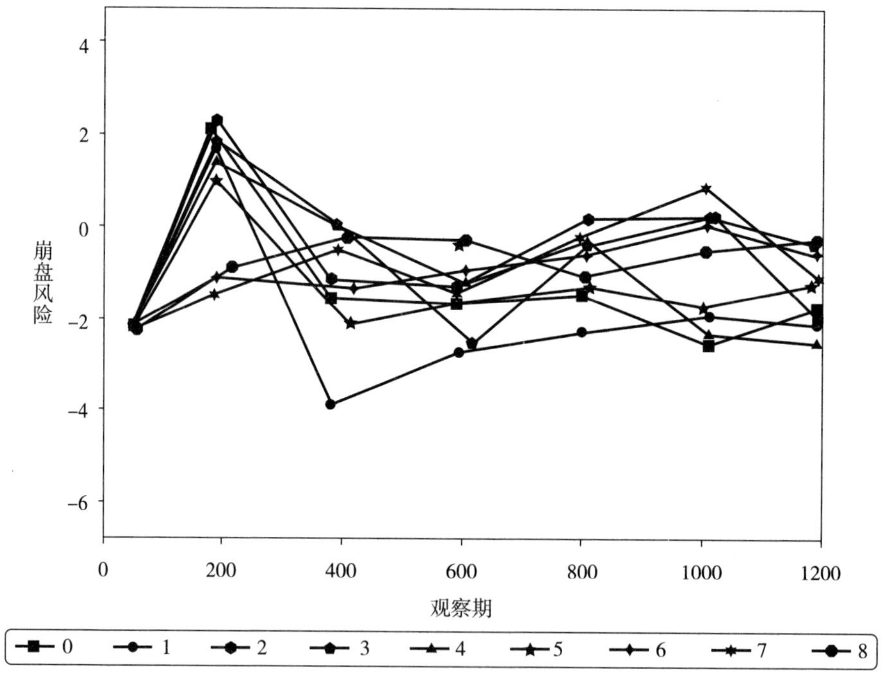

图6-4　小世界网络结构下的崩盘风险演化图

按照投资者获取的内在价值信息量的层次分类，做小世界结构下的崩盘风险与信息披露趋势图，如图 6-5 所示，信息披露层次增加，发生崩盘风险的可能性越大。当信息披露处于［0，7］层次时，崩盘风险较小，并且此时的箱子都较短，最大值与最小值之间的差值较小，表明崩盘风险波动率较小。当信息披露处于［0，4］层次区间时，信息披露对崩盘风险的作用较小。当信息披露层次较高，处于［5，7］层次区间时，随着信息披露的增大，崩盘风险也逐渐上升。当信息完全披露，即信息披露处在第 8 层次时，崩盘风险急骤上升，此时箱子较长，最大值和最小值之间的差值较大，说明信息披露处于第 8 层次时，崩盘风险波动较大。

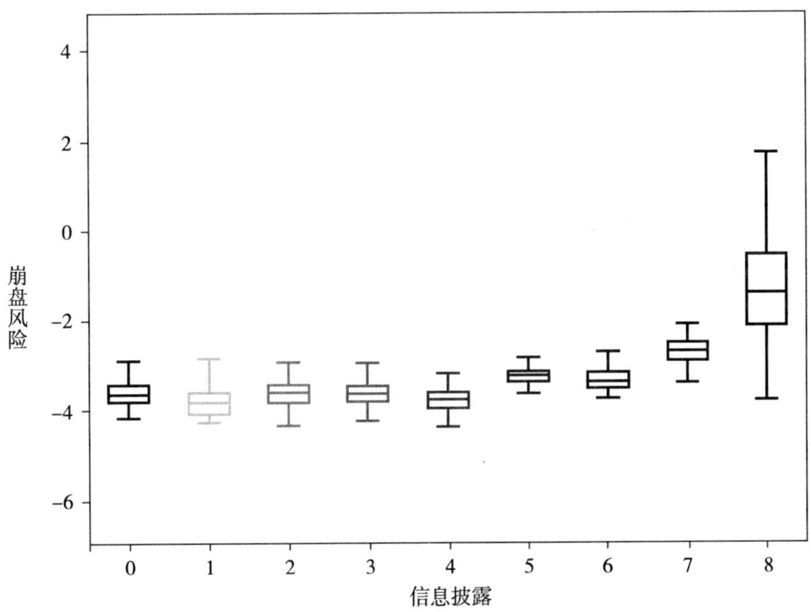

图 6-5　小世界网络结构下的崩盘风险与信息披露趋势图

三、无标度网络结构下信息披露与崩盘风险的关系

按照投资者获取的内在价值信息量的层次分类，做无标度网络结构下崩盘风险演化图，如图 6-6 所示，市场初期不同信息披露层次下的崩盘风险都是从-2 开始变化，均呈下降趋势。在无标度网络结构市场初期，信息传播是一个渐进的过程，对不同投资者而言，信息传播路径上差异性与信息扩散速率的不同，导致有价值的信息不可能瞬间同时到达所有的投资者，投资者无法同时获得所有的相关信息，获得新信息的投资者会根据贝叶斯法则修正调整对收益和风险的预期，而未收到新信息的投资者保持原来的预期判断。因此，即使在不同的信息披露层次下，市场初期崩盘风险的起点也是一致的。在观察期［0，200］内，崩盘风险呈下降趋势。在第 200 期之后，随着时间的推移，信息逐步扩散，不同信息层次的投资者对信息做出不同的反应，这时崩盘风险波动增加，波动率呈不断增加趋势。伴随着信息披露层次的增加，即当信息披露从第 0 层次向第 8 层次变化时，崩盘风险呈增加的趋势。当信息披露达到最高层次，即信息披露处于第 8 层次时，所有信息都披露出来时，此时的崩盘风险最高，且呈现异常波动的状态。也就是说，在无标度网络结构下，信息披露的信息层次越高，崩盘风险越高，信息披露的信息层次越低，崩盘风险也越低。

按照投资者获取的内在价值信息量的层次分类，做无标度网络结构下崩盘风险与信息披露趋势图，如图 6-7 所示，随着信息披露层次增加，崩盘风险也呈上升趋势。当信息披露层次较低，信息披露层次处于第［0，4］信息层次时，信息披露对崩盘风险的作用较小，当信息披露层次较高，在第［5，8］信息层次时，随着信息披露的增大，崩盘风险也相应地增大。信息披露层次在第 8 信息层次时，崩盘风险最大，此时最大值和最小值之

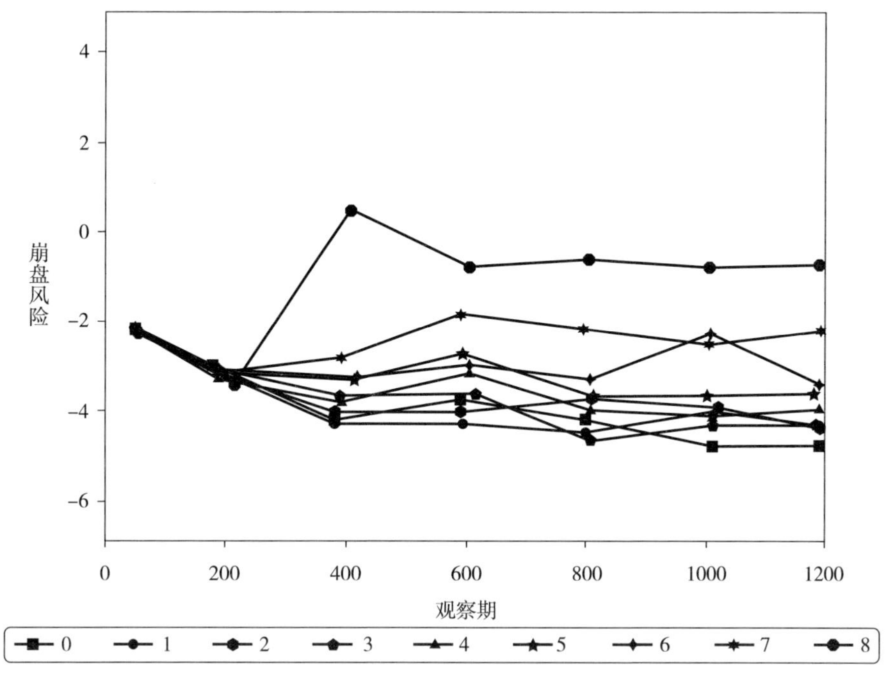

图 6-6 无标度网络结构下的崩盘风险演化图

间的差值较大，也就是说，在第 8 信息披露层次时崩盘风险的波动幅度最大。

在无标度结构的环境下，投资者之间信息交互受到局限，对不同投资者而言，信息扩散速度是不同的，并且信息的传播路径也不一样，因此有价值的信息无法在同一时间让所有投资者获取，投资者也无法得到相关金融产品价格的消息。得到消息的投资者依据贝叶斯法则及时调整对金融产品收益、风险的预期，而没有得到消息的投资者只能保持原有的判断，异质信念由此产生。不过，当社会学习到一定程度时，即使是理性的个体不会根据私人信息进行判断，而会跟风群体的决策判断，从而产生了“羊群效应”。因此，在无标度网络结构环境下，当信息全部披露时，崩盘风险

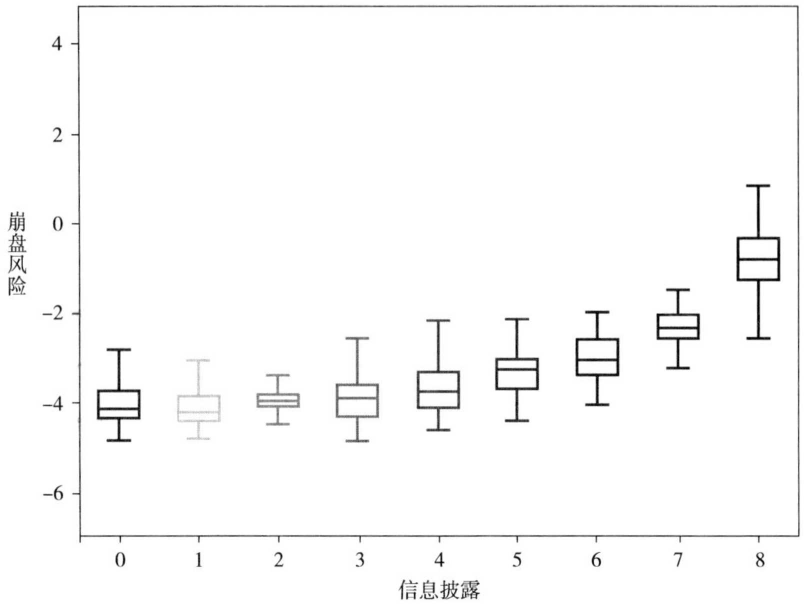

图 6-7　无标度网络结构下的崩盘风险与信息披露趋势图

趋向稳定。

在投资者间缺少有效交流渠道的期货市场中，如场外交易的小盘期货，当市场信息的完全完整披露的难度无法改善的时候，即使加大对资产价值信息的披露也无法有效地改善价格崩盘风险。不同的投资者间的社交网络结构对应了不同的市场发展状况和股票的流通状况。越复杂的网络也就对应着越发达的市场状况和股票流通率。这些不同的市场状况和股票流通率将不会改变信息披露与崩盘风险之间存在的单调正相关关系。对于不同发展状况的股票市场和不同盘面、不同流通情况的股票，加大信息披露力度总能起到控制崩盘风险的作用。

第三节 不同信息披露层次下网络结构与崩盘风险的关系研究

期货市场同其他开放的复杂系统一样，市场中的投资者受到社交媒体如电视、广播、网站、直播、网评等的影响，从而接收到权威机构发布的公众信息。市场上的投资者能够很轻易地获取到这些信息，不需要支付额外的成本。公众信息发布的多少会直接影响到市场上的信息不对称程度，从而影响投资者的决策和收益。权威机构对信息的发布往往是不及时和不充分的。与股票市场模型不同的是，在期货市场模型中，历史价格或价值信息将不再影响投资者的收益。投资者的预期完全由信息主导，预期的异质性能够反映出投资者信息的异质性。市场投资者的预期将决定当期的市场价格，投资者的收益完全由期初公布的市场价格（或执行价）和期末公布的内在价值决定。在该市场条件下，内幕信息，即期初知晓期末公布的内在价值，能够使投资者占据绝对的优势地位并以此获利。在期货仿真市场中，投资者根据信息判断期货内在价值的大小，并以该值为价格预期，向交易所提交限价订单。

本节利用第五章基于信息披露和社交网络构建的期货市场模型对信息和信息披露的定义，探讨不同信息披露层次下网络结构与崩盘风险的关系。

一、不同信息披露层次下网络结构与崩盘风险演化

按照投资者获取的内在价值信息量的层次分类，探讨不同信息披露层次下网络结构与崩盘风险的关系。如图 6-8 所示，图中不同线条代表不同的网络结构（本书网络结构图的标识均同前文所述）。

由图 6-8 可知，当信息披露层次为 0 时，小世界网络和无标度网络的崩盘风险较小，无社交网络结构的崩盘风险较大。

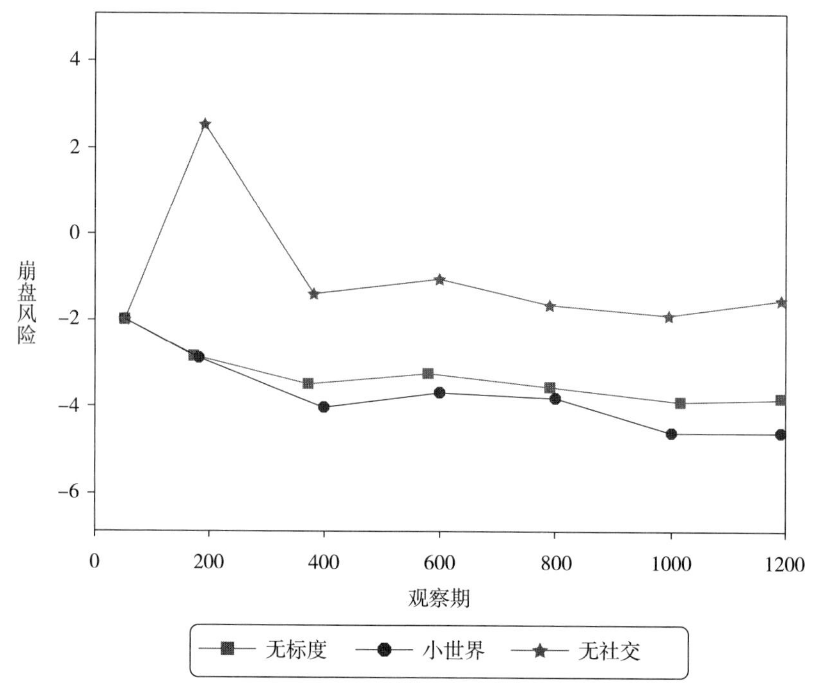

图 6-8　信息披露层次为 0 时的崩盘风险演化图

由图 6-9 可知，当信息披露层次为 1 时，小世界网络结构和无标度网络结构的崩盘风险较小，无社交网络结构的崩盘风险较大。

由图 6-10 可知，当信息披露层次为 2 时，小世界网络结构和无标度

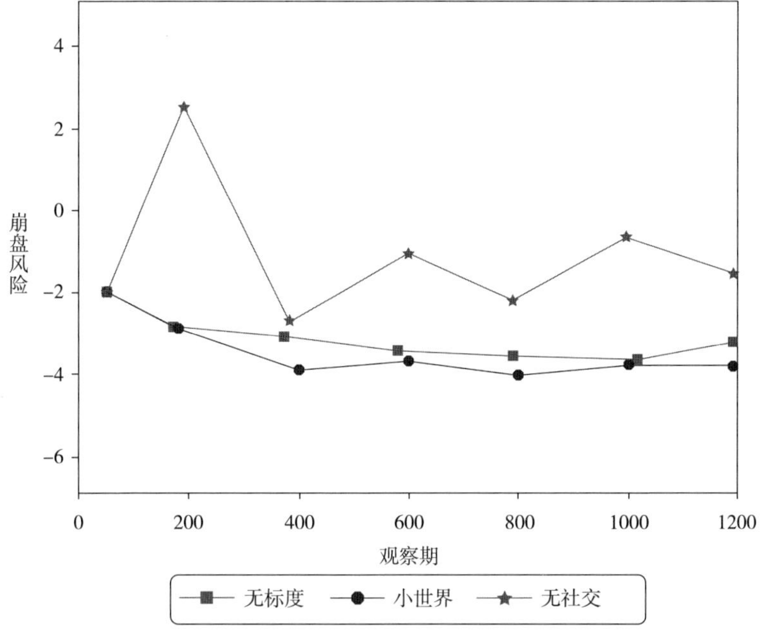

图 6-9　信息披露层次为 1 时的崩盘风险演化图

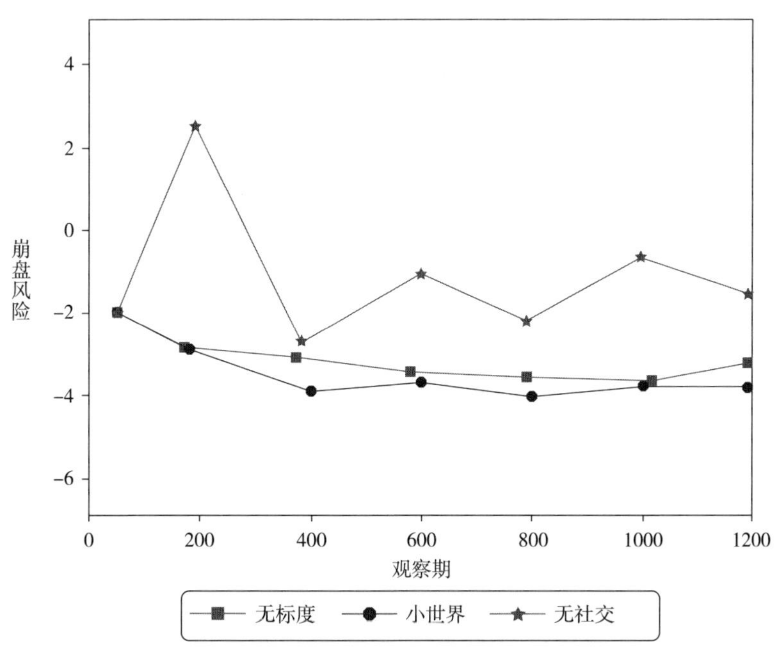

图 6-10　信息披露层次为 2 时的崩盘风险演化图

网络结构的崩盘风险较小，而无社交网络结构的崩盘风险较大。此时，无标度网络结构的崩盘风险略高于小世界网络结构的崩盘风险。

由图 6-11 可知，当信息披露层次为 3 时，小世界网络和无标度网络结构的崩盘风险较小，而无社交网络结构的崩盘风险较大。此时，无标度网络结构的崩盘风险略高于小世界网络结构的崩盘风险。

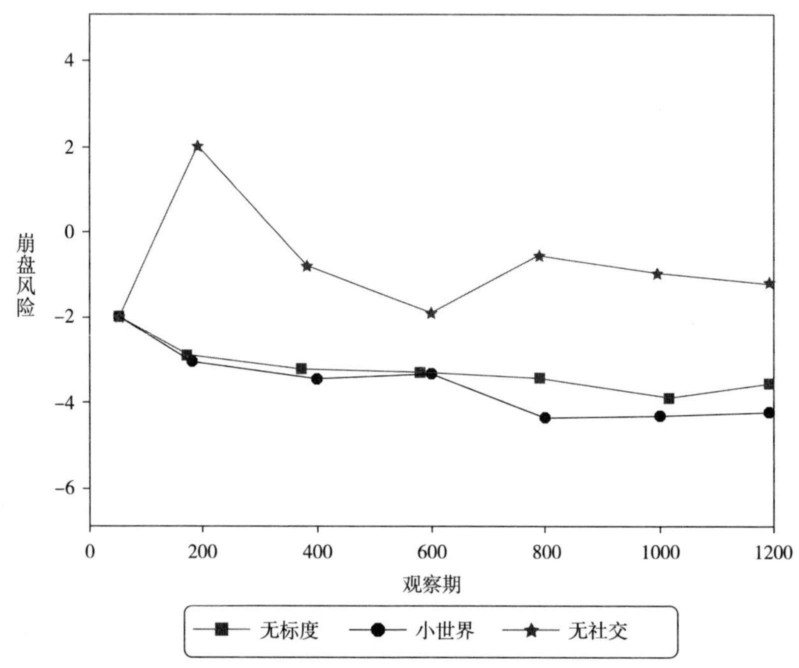

图 6-11　信息披露层次为 3 时的崩盘风险演化图

由图 6-12 可知，当信息披露层次为 4 时，小世界网络结构和无标度网络结构的崩盘风险较小，而无社交网络结构的崩盘风险较大。此时，无标度网络结构与小世界网络结构的崩盘风险趋同。

由图 6-13 可知，当信息披露层次为 5 时，小世界网络结构和无标度网络结构的崩盘风险较小，而无社交网络结构的崩盘风险较大。此时，无标度网络结构与小世界网络结构的崩盘风险趋同。

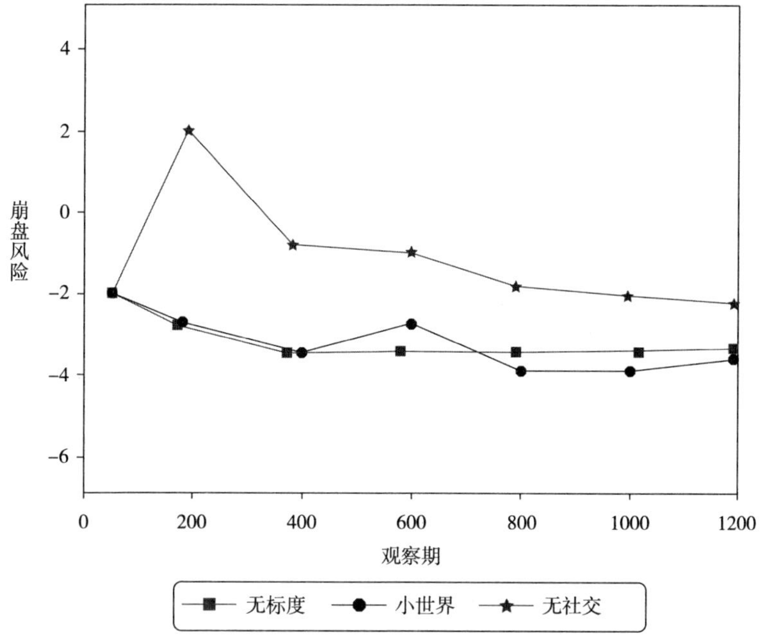

图 6-12 信息披露层次为 4 时的崩盘风险演化图

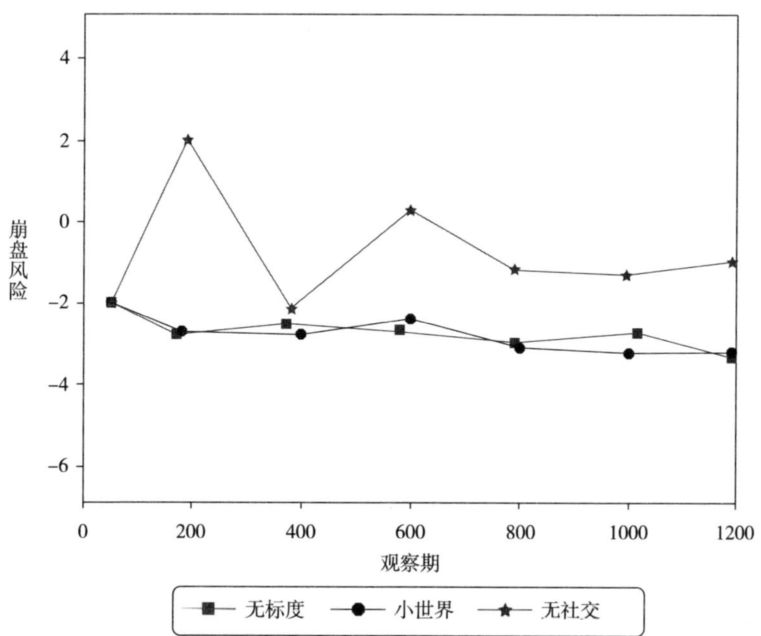

图 6-13 信息披露层次为 5 时的崩盘风险演化图

由图 6-14 可知，当信息披露层次为 6 时，小世界网络结构和无标度网络结构的崩盘风险较小，而无社交网络结构的崩盘风险较大。此时，无标度网络结构的崩盘风险小于小世界网络的崩盘风险，特别是在市场已达到均衡的［600，1200］这个观察期内，无标度网络结构的崩盘风险明显小于小世界网络结构的崩盘风险。

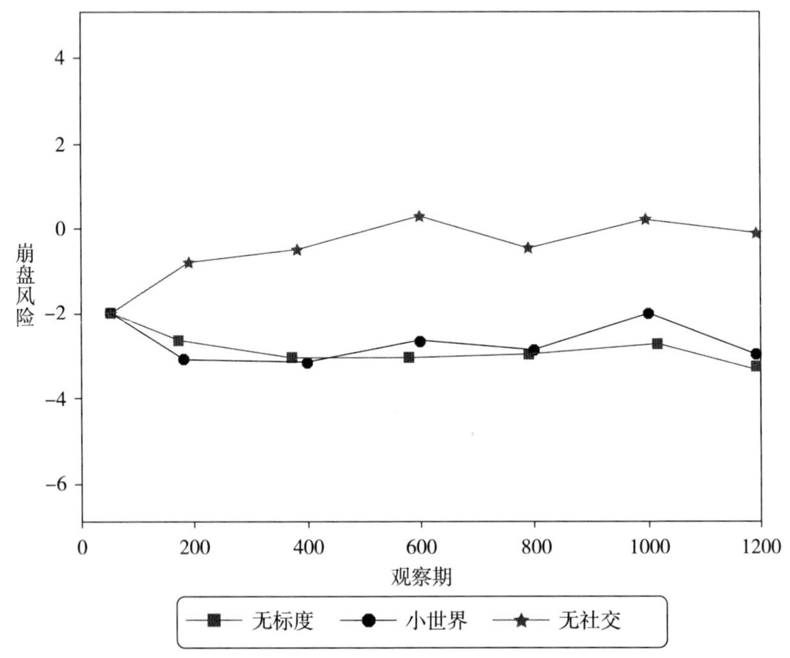

图 6-14　信息披露层次为 6 时的崩盘风险演化图

由图 6-15 可知，当信息披露层次为 7 时，小世界网络结构和无标度网络结构的崩盘风险较小，而无社交网络结构的崩盘风险较大。此时，无标度网络结构的崩盘风险明显小于小世界网络结构的崩盘风险。

由图 6-16 可知，当信息披露层次为 8 时，在［0，200］的观察期区间，无标度网络结构、小世界网络结构和无社交网络结构的崩盘风险都出现明显的下降趋势，并且无社交网络结构的崩盘风险提高最快，小

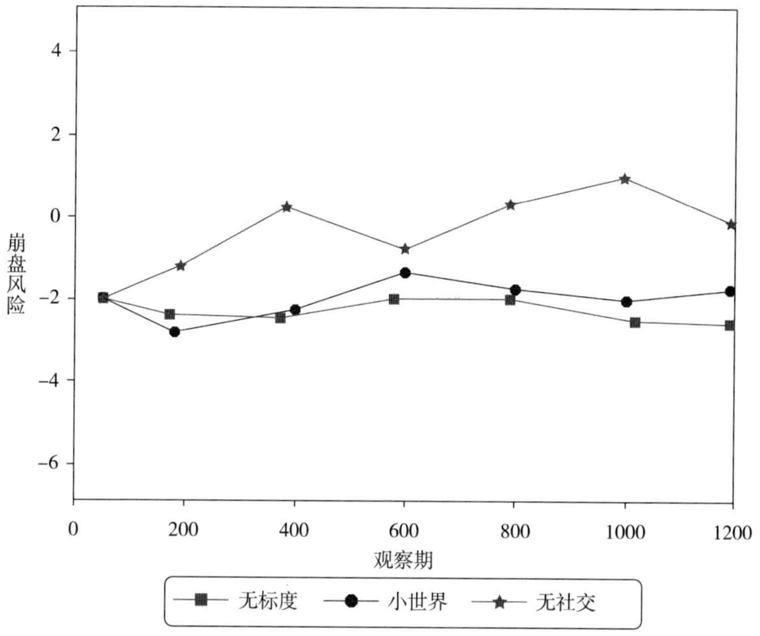

图 6-15 信息披露层次为 7 时的崩盘风险演化图

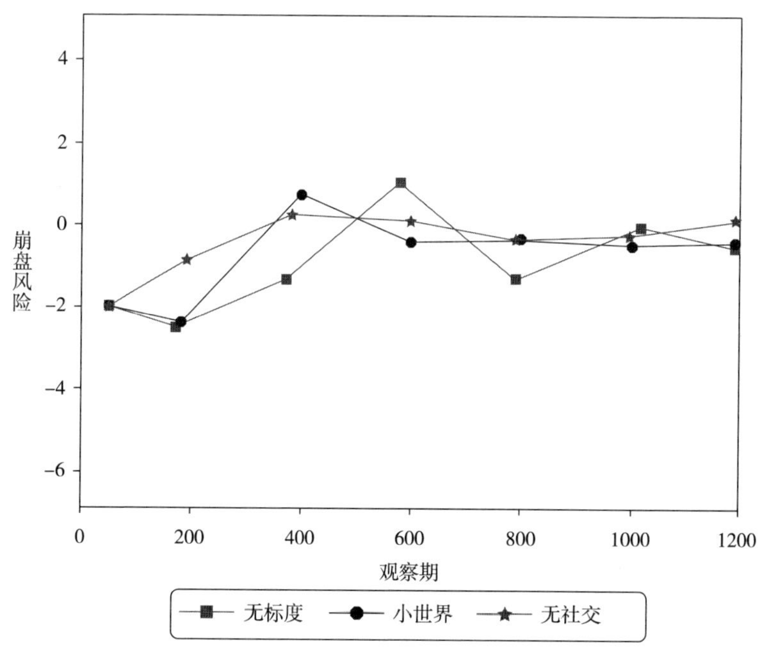

图 6-16 信息披露层次为 8 时的崩盘风险演化图

世界网络结构的崩盘风险次之，最慢的是无标度网络结构的崩盘风险。并且在崩盘风险提高后，无社交网络结构的崩盘风险波动率最小，小世界网络结构的崩盘风险波动率次之，无标度网络结构的崩盘风险波动率最大。

二、不同信息披露层次下网络结构与崩盘风险趋势

按照投资者获取的内在价值信息量的层次分类，探讨 9 个信息披露层次下网络结构与崩盘风险之间的趋势关系。由图 6-17~图 6-25 可知，信息披露层次处于［0，7］区间时，无社交网络结构的崩盘风险总是最大，并且箱子最长，最大值与最小值之间的差值最大，说明在此信息披露层次区间内，无社交网络结构的崩盘风险波动幅度最大。当信息披露层次处于第 8 层次时，无标度网络结构的崩盘风险最大，并且箱子最长，最大值与最小值之间的差值最大，说明在此信息披露层次下，无标度网络结构的崩盘风险波动幅度最大。在不同的信息披露层次下，三种网络结构崩盘风险的大小是变化的。当信息披露层次处在第 0 层次、第 1 层次和第 2 层次时，无社交网络结构的崩盘风险最大，无标度网络结构的崩盘风险次之，小世界网络结构的崩盘风险最小。当信息披露层次处在第 3~第 7 层次时，无社交网络结构的崩盘风险最大，小世界网络结构的崩盘风险次之，无标度网络结构的崩盘风险最小。当信息披露层次处在第 8 层次时，无标度网络结构的崩盘风险最大，小世界网络结构的崩盘风险次之，无社交网络结构的崩盘风险最小。

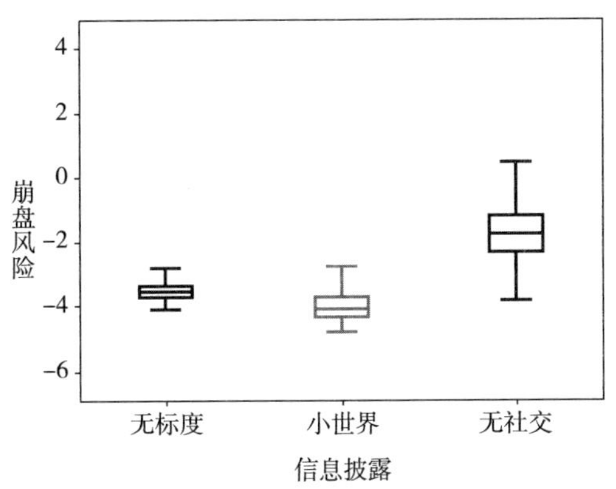

图 6-17 信息披露层次为 0 时的崩盘风险趋势图

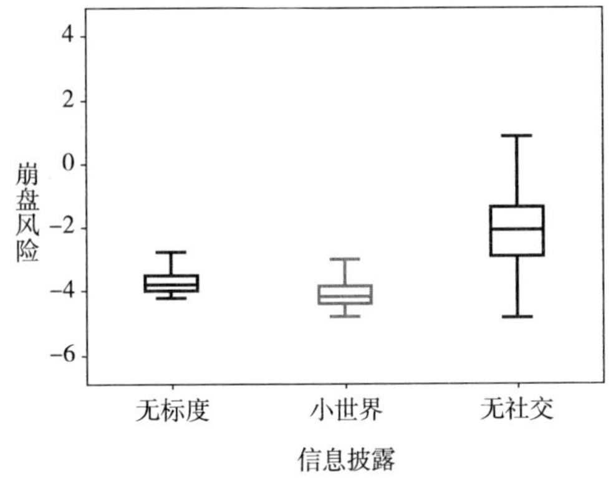

图 6-18 信息披露层次为 1 时的崩盘风险趋势图

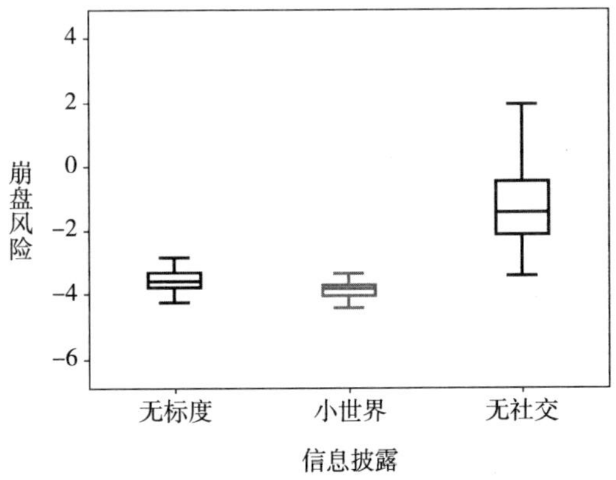

图 6-19 信息披露层次为 2 时的崩盘风险趋势图

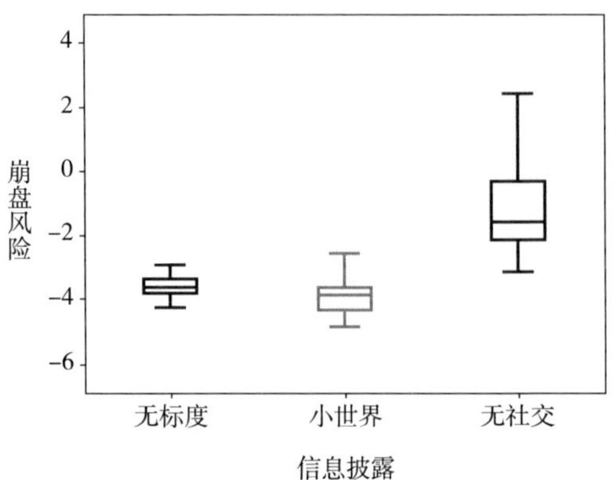

图 6-20　信息披露层次为 3 时的崩盘风险趋势图

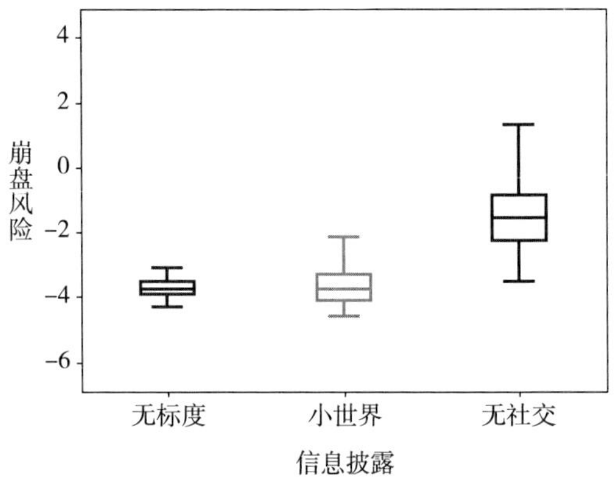

图 6-21　信息披露层次为 4 时的崩盘风险趋势图

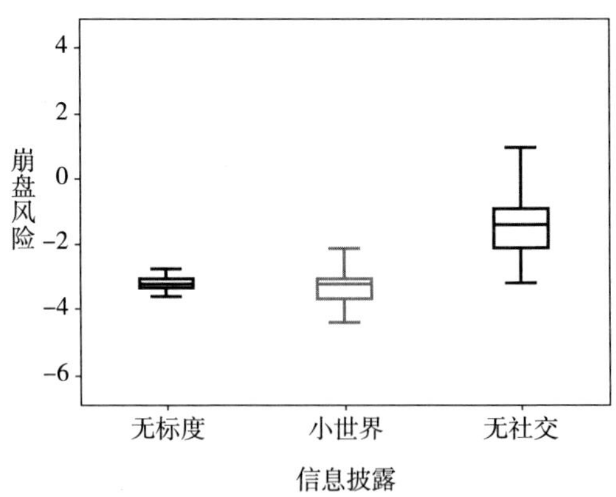

图 6-22　信息披露层次为 5 时的崩盘风险趋势图

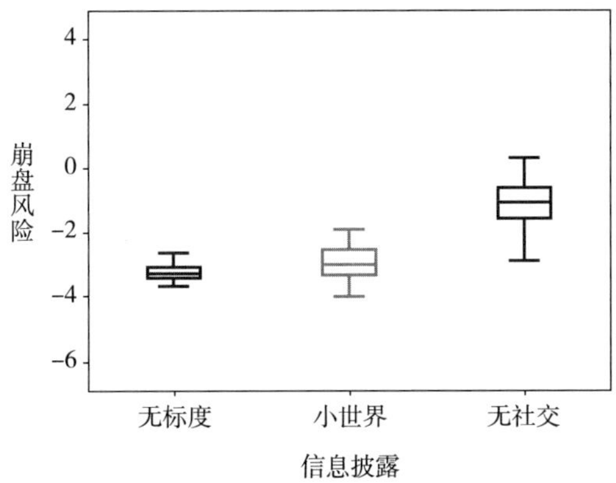

图 6-23　信息披露层次为 6 时的崩盘风险趋势图

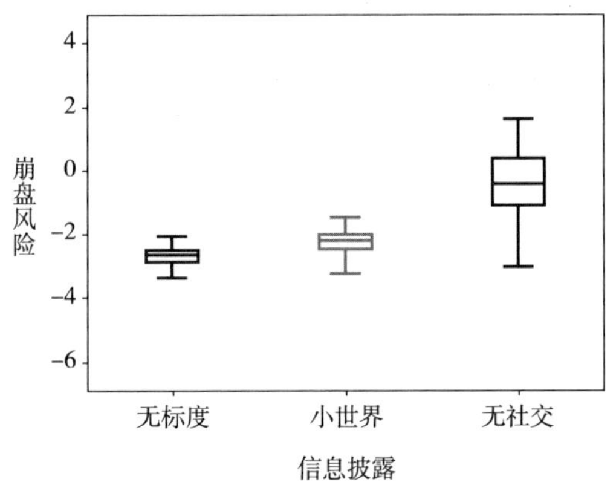

图 6-24　信息披露层次为 7 时的崩盘风险趋势图

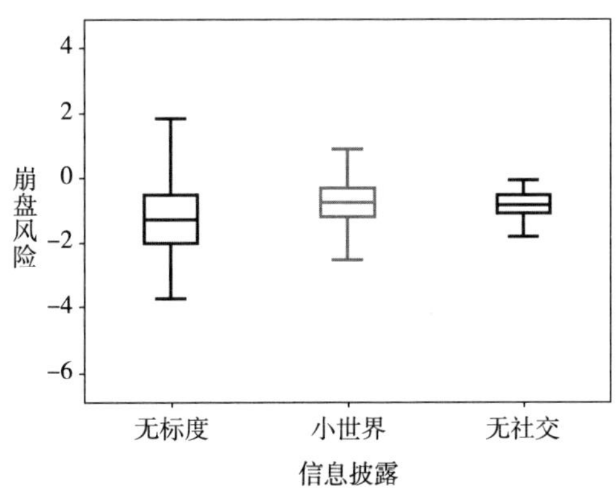

图 6-25　信息披露层次为 8 时的崩盘风险趋势图

第四节 本章小结

本章利用JAVA语言编程获得有关人工期货市场信息披露与崩盘风险关系的数据并进行相关研究，采用该研究方法很好地解决了线上动态网络虚拟和线下动态网络地理分散，投资者的动态网络数据和度量投资者信息层次的数据难获得等难题，并且得出了跟现实市场契合的非常有意义的结论。

（1）在无社交网络结构环境下，信息披露层次等级的增加并不能降低崩盘风险，但当信息全部披露时，崩盘风险的波动会趋向稳定。在小世界网络结构环境下，信息披露的层次越低，崩盘风险越低；信息披露的层次越高，崩盘风险越高。在无标度网络结构环境下，信息披露的层次越低，崩盘风险越低；信息披露的层次越高，崩盘风险越高。在期货市场中，信息披露与崩盘风险的关系极大程度上受社交网络的影响。在无社交网络结构中，信息披露程度的增加仅使崩盘风险出现了微小的上升；在小世界网络结构中，信息披露程度的增加会以指数型增大崩盘风险；在无标度网络结构中，信息披露程度的增加也会以指数型增大崩盘风险，且上升幅度大于小世界网络。

（2）不同信息披露层次下，不同网络结构的崩盘风险呈现出不同的趋势。当信息披露层次处在［0，7］区间时，无社交网络结构的崩盘风险一

直处于最大位置。当信息披露层次处在［0，2］区间时，无社交网络结构的崩盘风险最大，无标度网络结构的崩盘风险次之，小世界网络结构的崩盘风险最小。但是当信息披露层次处在［3，7］区间时，无社交网络结构的崩盘风险最大，小世界网络结构的崩盘风险次之，无标度网络结构的崩盘风险最小。此时，小世界网络结构与无标度网络结构的崩盘风险大小慢慢互换了位置。当信息披露层次处于第 8 层次时，无标度网络结构的崩盘风险最大，小世界网络结构的崩盘风险次之，无社交网络结构的崩盘风险最小。

湖南师范大学商学院
商湘
BUSINESS COLLEGE OF HUNAN NORMAL UNIVERSITY

第七章

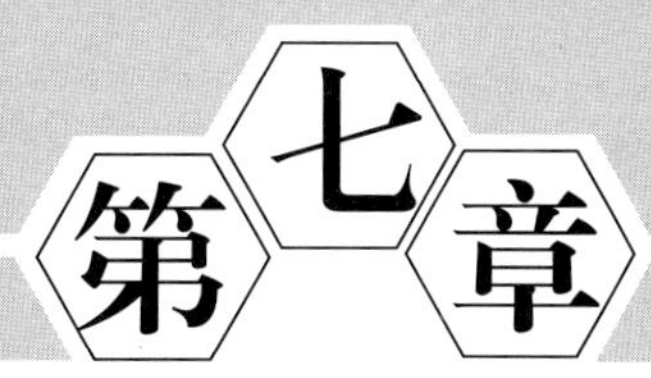

研究结论与展望

第一节

研究结论

本书借鉴计算实验金融研究方法，研究金融市场中最具代表性的股票市场和期货市场，运用计算实验金融建模思路，在基于信息披露和社交网络构建的股票市场和期货市场模型的基础上，在固定市场结构中研究社交网络、信息披露与崩盘风险的关系。将市场结构、投资者决策、信息披露、信息交互网络和机制以及市场出清和市场策略优化这些微观机制分别聚合成人工股票和人工期货市场，在固定社交网络结构下研究可变的信息披露与崩盘风险的关系，以及在固定的信息披露层次下研究可变的社交网络与崩盘风险的关系。通过对因素的影响拆解分析的方法，很好地探讨了崩盘风险的形成和演化机制，并通过仿真市场来研究微观机制下现象的宏观涌现。另外，对人工金融市场中的股市和期市进行了稳健性检验，在对两个市场进行对比分析的基础上，提出了有针对性的政策建议。本章的主要结论如下：

（1）在股票市场中，信息披露与崩盘风险大致呈负相关关系。随着企业披露的资产价值信息的增多，股价崩盘风险反而降低，且这一趋势呈指数型变化。同时，不同社交网络结构对这一规律影响较小。在期货市场中，信息披露与崩盘风险的关系极大程度上受社交网络的影响。在无社交网络结构中，信息披露的增加仅使崩盘风险出现微小的上升；在小世界网络结构中，信息披露的增加会以指数型增大崩盘风险；在无标度网络结构中，信息披露的增加也会以指数型增加崩盘风险，且上升幅度大于小世界网络结构。

（2）金融市场中存在摩擦，信息收集、处理及交流都会产生成本，市场存在信息非对称性。同时，信息披露是有成本的，且成本与信息披露量呈正相关关系，企业披露信息的层次越高，需要支付的费用越高。当完全不披露信息时，企业支付的成本为零，每额外披露一单位信息，企业都需要支付固定的边际成本。在股票市场中，将信息披露层次的选择作为企业的决策变量时，企业信息披露层次与总收益的关系呈现先减后增的 U 形形态。当企业选择不披露信息和披露全部信息时，其获得的总收益或总效用最大；当企业披露［0，8］除端点外的中间信息层次的信息时，获得的收益都是相对较低的。这也就说明，以收益最大化为目标的企业总是会倾向于选择完全不披露信息和完全披露信息。在期货市场中，将信息披露层次作为监管决策变量时，披露内在价值信息层次与总收益或总效用的关系呈现递减趋势。在无社会交互的环境中，该递减趋势为线性递减；在小世界网络结构和无标度网络结构环境中，信息披露与总收益呈现出加速递减趋势，且网络结构越复杂，递减趋势越明显，即信息披露对崩盘风险所起到的改善效果越差。

（3）信息披露对崩盘风险影响效应的争议由来已久，既有支持信息披露与崩盘呈正相关关系的理论和实证结果，也有主张负相关关系的理论和实证结果。本书的结论很好地解决了该争议。在金融市场中，信息披露与崩盘风险之间的关系取决于不同的市场结构。在股票市场中，增加信息披露能有效地降低崩盘风险。但在期货市场中，增加信息披露却会导致崩盘风险显著升高。在社交网络结构的市场中，该正向效应越发明显，并且表现为网络结构越复杂，其正相关关系越突出。信息披露对崩盘风险的影响

主要取决于不同市场结构下信息透明引致的市场效率与“羊群效应”之间力量的博弈。股票市场中，信息干扰大，“羊群效应”小，信息披露与崩盘风险的关系主要取决于市场效率的提升；期货市场中，信息干扰小，“羊群效应”大，该关系主要取决于“羊群效应”大小。故两市场演化出了完全相反的结论。

第二节 研究展望

本书取得了一些创新性成果，但还存在一些需要改进的地方，且还有一些问题需要进一步的扩展研究，具体表现在：

（1）本书仅将市场中的投资者信息分为 0、1、2、3、4、5、6、7、8 这 9 个信息档次，在模型的构建和市场仿真设计中均没有考虑信息的质量，没有区分市场披露信息的好坏。下一步的研究，将在原模型和市场仿真设计的基础上，考虑所披露信息质量的好坏对崩盘风险的影响。

（2）在社交网络的邻居间交互中，本书仅考虑了投资者之间的二元双向信息交互，没有考虑社交网络中邻居间交互的欺瞒行为。下一步的研究，在社交网络的交互中将考虑投资者之间决策行为的冲突以及非理性行为。

（3）本书在模型的构建中，没有考虑中国政府颁布的政治政策和经济政策的影响，也没有考虑国际环境，诸如政治政策和经济政策的影响。这些都是非常有意思的研究，值得进一步研究和探讨。

参考文献

[1] An H., Zhang T. Stock price synchronicity, crash risk, and institutional investors [J]. Journal of Corporate Finance, 2013, 21 (1): 1-15.

[2] Arnaboldi V., Conti M., Gala M. L., et al. Ego network structure in online social networks and its impact on information diffusion [J]. Computer Communications, 2016, 76 (C): 26-41.

[3] Arnaboldi V., Conti M., Passarella A., et al. Analysis of ego network structure in online social networks [C]. ASE-IEEE International Conference on Social Computing (Socialcon), 2012.

[4] Audet N., Gravelle T., Yang J. Alternative trading systems [J]. Gender Technology & Development, 2002, 14 (2): 267-277.

[5] Bagehot W. The only game in the town [J]. Financial Analysts Journal, 1971, 27 (2): 12-14.

[6] Bajaj A., Sen S. Simulating the effect of social network structure on workflow efficiency performance [J]. Social Networking, 2014, 3 (1): 32-40.

[7] Barabasi A. L., Albert R. Emergence of scaling in random networks [J]. Science, 1999, 286 (5439): 509-512.

[8] Barani Z., Garkaz M., Pakzad A. Explanation of relationship between corporate governance and information disclosure of quoted companies in tehran stock exchange [J]. International Journal of Academic Research in Accounting,

Finance and Management Sciences, 2013, 3 (4): 33-45.

[9] Bates F. S. Polymer-polymer phase behavior [J]. Science, 1991, 251 (4996): 898-905.

[10] Beaver W. H. Financial reporting: An accounting revolution 2nd [M]. New York: Prentice-Hall, 1998.

[11] Callen J. L., Fang X. Religion and stock price crash risk [J]. Journal of Financial & Quantitative Analysis, 2015, 50 (1-2): 169-195.

[12] Campbell J. Y., Hentschel L. No news is good news: An asymmetric model of changing volatility in stock returns [J]. Journal of Financial Economics, 1992, 31 (3): 281-318.

[13] Campbell J. Y., Hilscher J., Szilagyi J. In search of distress risk [J]. Social Science Electronic Publishing, 2008, 63 (6): 2899-2939.

[14] Chen H., Beaudoin C. E., Hong T. Teen online information disclosure: Empirical testing of a protection motivation and social capital model [J]. Journal of the Association for Information Science & Technology, 2016, 67 (12): 2871-2881.

[15] Chen J., Hong H., Stein J. C. Forecasting crashes: Trading volume, past returns, and conditional skewness in stock prices [J]. Journal of Financial Economics, 2001, 61 (3): 345-381.

[16] Chen Z., Lu A. Slow diffusion of information and price momentum in stocks: Evidence from options markets [J]. Journal of Banking & Finance, 2016 (75): 98-108.

[17] Cohen L., Frazzini A., Malloy C. The small world of investing: Board connections and mutual fund returns [J]. Journal of Political Economy,

2008, 116 (5): 951-979.

[18] Costa L. D. F., Rodrigues F. A., Travieso G., et al. Characterization of complex networks: A survey of measurements [J]. Adcances in Physics, 2007, 56 (1): 167-242.

[19] Crossman S. J. On the efficiency of competitive stock markets where traders have diverse information [J]. Journal of Economic Theory, 1976, 31 (5): 573-585.

[20] Daniel K., Hirshleifer D., Subrahmanyam A. Investor psychology and security market under-and overreactions [J]. Journal of Finance, 1998, 53 (6): 1839-1885.

[21] David Easley, Maureen O'Hara. Price, trade size, and information in securities markets [J]. Journal of Financial Economics, 1987, 19 (1): 69-90.

[22] DeBondt W., Thaler R. How do employees view their underwater stock options? Evidence from the stock option exchange program [J]. Journal of Financial Services Research, 1985, 35 (3): 273-296.

[23] Diamond D. W., Verrecchia R. E. Information aggregation in a noisy rational expectations economy [J]. Journal of Financial Economics, 1981, 9 (3): 221-235.

[24] Dong Y., Ding Z., Chiclana F. Dynamics of public opinions in an online and offline social network [J]. IEEE Transactions on Big Data, 2017 (99): 1.

[25] Duflo E., Saez E. Participation and investment decisions in a retirement plan: The influence of colleagues' choices [J]. Journal of Public Econom-

ics, 2000, 85 (1): 121-148.

[26] Ebel H., Mielsch L. I., Bornholdt S. Scale-free topology of E-mail networks [D]. Physical Review E, 2002, 66 (3): 1-4.

[27] Ecca S., Marchesi M., Setzu A. Modeling and simulation of an artificial stock option market [J]. Computational Economics, 2008, 32 (1-2): 37-53.

[28] Erdös P., Rényi A. On random graphs I [J]. Publicationes Mathematicae, 1959 (4): 3286-3291.

[29] Fama E. F. Efficient capital markets: A review of theory and empirical work [J]. Journal of Fiance, 1970, 25 (5): 383-417.

[30] Frederik M., Mahajnah M., Jaber L., et al. A novel mutation in the GAN gene causes an intermediate form of giant axonal neuropathy in an Arab-Israeli family [J]. European Journal of Paediatric Neurology Ejpn Official Journal of the European Paediatric Neurology Society, 2013, 17 (3): 259-264.

[31] Gao P., Liang P. J., Bertomeu J., et al. Informational feedback effect, adverse selection, and the optimal disclosure policy [J]. Journal of Accounting Research, 2013, 51 (5): 1133-1158.

[32] Glosten L. R., Milgrom P. R. Bid, ask and transaction prices in a specialist market with heterogeneously informed traders [J]. Journal of Financial Economics, 1985, 14 (1): 71-100.

[33] Gode D. K., Sunder S. Allocative efficiency of markets with zero-intelligence traders: Market as a partial substitute for individual rationality [J]. Journal of Political Economy, 1993, 101 (1): 119-137.

[34] Goldstein I., Leitner Y. Stress tests and information disclosure [J]. Journal of Economic Theory, 2018.

[35] Goldstein I., Yang L. Information disclosure in financial markets [J]. Social Science Electronic Publishing, 2017, 9 (1): 101-125.

[36] Goncharenko R., Hledik J., Pinto R. The dark side of stress tests: Negative effects of information disclosure [J]. Journal of Financial Stability, 2018 (37): 49-59.

[37] Gong H., Liu S., Department I. M. A new model of government information disclosure based on wechat platform [J]. Journal of Modern Information, 2014, 34 (4): 62-66.

[38] Grossman S. J., Stiglitz J. E. On the impossibility of information efficient prices [J]. American Economic Review, 1980, 70 (6): 393-408.

[39] Hackenbrack K., Jenkins N. T., Pevzner M. Relevant but delayed information in negotiated audit fees [J]. Social Science Electronic Publishing, 2010, 33 (4): 140-146.

[40] Hauser F., Huber J., Kaempff B. Costly information in markets with heterogeneous agents: A model with genetic programming [J]. Computational Economics, 2015, 46 (2): 1-25.

[41] Heimer R. Z. Peer pressure: Social interaction and the disposition effect [J]. Social Science Electronic Publishing, 2016, 29 (11): 3177-3209.

[42] Hein O., Schwind M., Spiwoks M. Frankfurt artificial stock market: A microscopic stock market model with heterogeneous interacting agents in small-world communication networks [J]. Journal of Economic Interaction & Coordination, 2008, 3 (1): 59-71.

[43] Hellwing M. Rational-expectations equilibrium with conditioning on past prices: A mean variance example [J]. Journal of Economic Theory, 1982,

26 (2): 279-312.

[44] Hermalin B. E., Weisbach M. S. Information disclosure and corporate governance [J]. Journal of Finance, 2012, 67 (1): 195-234.

[45] Hoffmann G. M., Tomlin C. J. Mobile sensor network control using mutual information methods and particle filters [J]. IEEE Transactions on Automatic Control, 2010, 55 (1): 32-47.

[46] Hong H., Kubik J D., Stein J. C. Thy neighbor's portfolio: Word-of-mouth effects in the holdings and trades of money managers [J]. Journal of Finance, 2005, 60 (6): 2801-2824.

[47] Hong H., Stein J. C. A unified theory of underreaction, momentum trading, and overreaction in asset markets [J]. Journal of Finance, 1999, 54 (6): 2143-2184.

[48] Hong H., Stein J. C. Differences of opinion, short-sales constraints, and market crashes [J]. Review of Financial Studies, 2003, 16 (2): 487-525.

[49] Hu J., Kim J. B., Zhang W. Insider trading and stock price crashes risk: International evidence from a natural experiment [C]. The FMA 2014 Asian Conference, 2014.

[50] Hutton A. P., Marcus A. J., Tehranian H. Opaque financial reports, R-square, and crash risk [J]. Journal of Financial Economics, 2009, 94 (1): 67-86.

[51] Jackson M. O. Equilibrium, price formation, and the value of private information [J]. Review of Financial Studies, 1991, 4 (1): 1-16.

[52] Jegadeesh N., Titman S. Rreturn to buying winners and selling losers: Implication for stock for stock market efficiency [J]. Journal of Finance, 1993, 48

(1): 65-91.

[53] Jensen M. C., Meckling W. H. Theory of the firm: Managerial behavior, agency costs and ownership structure [J]. Journal of Financial Economics, 1976, 3 (4): 78.

[54] Jin J., Myers S. C. R 2 around the world: New theory and new tests [J]. Journal of Financial Economics, 2006, 79 (2): 257-292.

[55] Kim J. B., Li L., Lu L. Y. Financial statement comparability and expected crash risk [J]. Journal of Accounting & Economics, 2016, 61 (2-3): 294-312.

[56] Kim J. B., Li Y., Zhang L. CFOs versus CEO: Equity incentives and crashes [J]. Journal of Financial Economics, 2015, 101 (3): 713-730.

[57] Kim J. B., Li Y., Zhang L. Corporate tax avoidance and stock price crash risk: Firm-level analysis [J]. Social Science Electronic Publishing, 2011, 100 (3): 639-662.

[58] Kim J. B., Wang Z., Zhang L. CEO overconfidence and stock price crash risk [J]. Social Science Electronic Publishing, 2016, 33 (4): 1720-1749.

[59] Kim J. B., Zhang L. Financial reporting opacity and expected crash risk: Evidence from implied volatility smirks [J]. Contemporary Accounting Research, 2014, 31 (3): 851-875.

[60] Kim O., Verrecchia R. E. The relation among disclosure, returns, and trading volume information [J]. Accounting Review, 2001, 76 (4): 633-654.

[61] König F. Does social interaction destablise financial markets? [J]. Social Science Electronic Publishing, 2012, 2 (1).

[62] Kyle, A. S. Informed speculation with imperfect competition [J]. Review of Economic Studies, 1989, 56 (3): 317-356.

[63] Lebaron B., Arthur W. B., Palmer R. Time series properties of an artificial stock market [J]. Journal of Economic Dynamics & Control, 1999, 23 (9-10): 1487-1516.

[64] Lebaron B. Chapter 24 Agent-based computational finance [J]. Handbook of Computational Economics, 2006, 2 (5): 1187-1233.

[65] Liang P., Guo S. Social interaction, internet access and stock market participation—an empirical study in China [J]. Journal of Comparative Economics, 2015, 43 (4): 883-901.

[66] Markose S., Giansante S., Shaghaghi A. R. "Too interconnected to fail" financial network of US CDS market: Topological fragility and systemic risk [J]. Journal of Economic Behavior & Organization, 2012, 83 (3): 627-646.

[67] Newman M. E. J., Watts D. J. Renormalization group analysis of the small-world network model [J]. Physics Letters A, 1999, 263 (4-6): 341-346.

[68] Petronio S. Communication boundary management: A theoretical model of managing disclosure of private information between marital couples [J]. Communication Theory, 2010, 1 (4): 311-335.

[69] Poggio T., Lo A. W., Lebaron B., et al. Agent-based models of financial markets: A comparison with experimental markets [J]. Ssrn Electronic Journal, 2001, 70 (3): 409-450.

[70] Pool V. K., Stoffman N., Yonker S. E. The people in your neighborhood: Social interactions and mutual fund portfolios [J]. Journal of Finance,

2015, 70 (6): 2679-2732.

[71] Qiu L., Rui H., Whinston A. Information exchange in prediction markets: Do social networks promote forecast efficiency? [C]. Hawaii International Conference on System Sciences, 2013.

[72] Rubinstein M. Implied binomial trees [J]. Journal of Finance, 1994, 49 (3): 771-818.

[73] Saramäki J., Kaski K. Scale-free networks generated by random walkers [J]. Physica A Statistical Mechanics & Its Applications, 2004, 341 (28): 80-86.

[74] Schredelseker K. Is the usefulness approach useful? some reflections on the utility of public information [M] //Contemporary Issues in Accounting Regulation. New York: Springer US, 2001.

[75] Shiller R. J., Pound J. Survey evidence on diffusion of interest and information among investors [J]. Journal of Economic Behavior & Organization, 1989, 12 (1): 47-66.

[76] Starnini M., Baronchelli A., Pastor-Satorras R. Modeling human dynamics of face-to-face interaction networks [J]. Physical Review Letters, 2013, 110 (16): 168701.

[77] Subrahmanyam K., Reich S. M., Waechter N., et al. Online and offline social networks: Use of social networking sites by emerging adults [J]. Journal of Applied Developmental Psychology, 2008, 29 (6): 420-433.

[78] Sun X., Lin H., Xu K. A social network model driven by events and interests [J]. Expert Systems with Applications, 2015, 42 (9): 4229-4238.

[79] Suzuki K., Shimokawa T., Misawa T. Agent-based approach to option

pricing anomalies [J]. IEEE Transactions on Evolutionary Computation, 2009, 13 (1): 19-32.

[80] Tang Y. Information disclosure and price discovery [J]. Journal of Financial Markets, 2014, 19 (1): 39-61.

[81] Tedeschi G., Russo A., Conte F. Increased interictal visual network connectivity in patients with migraine with aura [J]. Cephalalgia, 2015, 36 (2): 139-147.

[82] Thomas E. Copeland, Dan Galai. Information effects on the bid-ask spread [J]. The Journal of Finance, 1983, 38 (5): 1457-1469.

[83] Varga I. Scale-free network topologies with clustering similar to online social networks [C]. International Conference on Social Modeling and Simulation, Plus Econophysics Colloquium, 2014.

[84] Velthausz D. D., Bal R., Eertink H. A multimedia information object model for information disclosure [C]. Conference on Multimedia Modeling, 1996: 289-304.

[85] Verrecchia R. E. Information quality and discretionary disclosure [J]. Journal of Accounting & Economics, 1990, 12 (4): 365-380.

[86] Wang L. X. Modeling stock price dynamics with fuzzy opinion networks [J]. IEEE Transactions on Fuzzy Systems, 2017, 25 (2): 277-301.

[87] Watts D. J., Strogatz S. H. Collective dynamics of "small-world" networks [J]. Nature, 1998, 393 (6684): 440-442.

[88] Wu W. L., Gau Y. F. Home bias in portfolio choices: Social learning among partially informed agents [J]. Review of Quantitative Finance & Accounting, 2016 (48): 1-30.

[89] Xiang L., Zheng X., Lee M. K. O., et al. Exploring consumers' impulse buying behavior on social commerce platform [J]. International Journal of Information Management, 2016, 36 (3): 333-347.

[90] Xu N., Li X., Yuan Q. Excess perks and stock price crash risk: Evidence from China [J]. Journal of Corporate Finance, 2014, 25 (2): 419-434.

[91] Yosha O. Information disclosure costs and the choice of financing source [J]. Journal of Financial Intermediation, 2004, 4 (1): 3-20.

[92] Zhang M. Exploring adolescent peer relationships online and offline: An empirical and social network analysis [C] //International Conference on Communications and Mobile Computing. New Jersey: IEEE, 2009.

[93] Zhu W. Accruals and price crashes [J]. Review of Accounting Studies, 2016, 21 (2): 349-399.

[94] Zhu Y., Zhou G. Technical analysis: An asset allocation perspective on the use of moving averages [J]. Journal of Financial Economics, 2009, 92 (3): 519-544.

[95] 褚剑，方军雄，于传荣. 卖空约束放松与银行信贷决策 [J]. 金融研究，2017 (12): 111-126.

[96] 褚剑，方军雄. 中国式融资融券制度安排与股价崩盘风险的恶化 [J]. 经济研究，2016 (5): 143-158.

[97] 方立兵，丁婧. 透明度与市场效率——基于信息不对称的适应性学习研究 [J]. 管理科学学报，2017，20 (7): 43-56.

[98] 胡振华，覃子龙，杨燕. 基于互信息的深证股票复杂网络拓扑性质分析 [J]. 统计与决策，2016 (20): 160-163.

[99] 江轩宇. 税收征管、税收激进与股价崩盘风险 [J]. 南开管理评

论，2013，16（5）：152-160.

［100］江轩宇，许年行. 企业过度投资与股价崩盘风险［J］. 金融研究，2015（8）：141-158.

［101］江轩宇，伊志宏. 审计行业专长与股价崩盘风险［J］. 中国会计评论，2013（2）：133-150.

［102］雷宏振，贾悦婷. 基于复杂网络的在线社交网络特征与传播动力学分析［J］. 统计与决策，2015（2）：114-117.

［103］李小荣，刘行. CEO vs. CFO：性别与股价崩盘风险［J］. 世界经济，2012（12）：102-129.

［104］李悦雷. 基于计算实验金融的连续双向拍卖股票市场交易机制研究［D］. 天津：天津大学，2012.

［105］梁权熙，曾海舰. 独立董事制度改革、独立董事的独立性与股价崩盘风险［J］. 管理世界，2016，270（3）：144-159.

［106］刘海飞，姚舜，肖斌卿. 基于计算实验的股票市场羊群行为机理及其影响［J］. 系统工程理论与实践，2011，31（5）：805-812.

［107］刘兴华，杨建梅. 多样性和归纳推理与证券市场动力机制［J］. 系统工程理论与实践，2007，27（5）：35-41.

［108］罗进辉，杜兴强. 媒体报道、制度环境与股价崩盘风险［J］. 会计研究，2014（9）：53-59.

［109］马国建，陆钻，段登. 基于计算实验的再担保业收益及风险研究［J］. 金融理论与实践，2012（7）：116-118.

［110］潘越，戴亦一，林超群. 信息不透明、分析师关注与个股暴跌风险［J］. 金融研究，2011（9）：138-151.

［111］权小锋，尹洪英. 风险投资持股对股价崩盘风险的影响研究

[J]. 科研管理，2017，38（12）：89-98.

［112］陶洪亮，申宇. 股价暴跌、投资者认知与信息透明度［J］. 投资研究，2011（10）：68-79.

［113］田利辉，王可第. 社会责任信息披露的“掩饰效应”和上市企业崩盘风险——来自中国股票市场的 DID-PSM 分析［J］. 管理世界，2017（11）：146-157.

［114］王冲，谢雅璐. 会计稳健性、信息不透明与股价暴跌风险［J］. 管理科学，2013，26（1）：68-79.

［115］王化成，曹丰，高升好. 投资者保护与股价崩盘风险［J］. 财贸经济，2014，35（10）：73-82.

［116］王化成，曹丰，叶康涛. 监督还是掏空：大股东持股比例与股价崩盘风险［J］. 管理世界，2015（2）：45-57.

［117］王筱莉，赵来军，谢婉林. 无标度网络中遗忘率变化的谣言传播模型研究［J］. 系统工程理论与实践，2015，35（2）：458-465.

［118］吴炳辉. 基于 Multi-Agent 的股票市场投资者行为风险传染机制及其演化研究［D］. 南京：东南大学，2017.

［119］许年行，江轩宇，伊志宏等. 分析师利益冲突、乐观偏差与股价崩盘风险［J］. 经济研究，2012（7）：127-140.

［120］许年行，于上尧，伊志宏. 机构投资者羊群行为与股价崩盘风险［J］. 管理世界，2013（7）：31-43.

［121］杨德成. 正反馈交易、投资者情绪与股市异象［D］. 杭州：浙江大学，2018.

［122］于凯，荣莉莉，郭文强等. 基于线上线下网络的舆情传播模型研究［J］. 管理评论，2015，27（8）：200-212.

［123］喻颖. 基于 agent 的交易策略演化与过度波动实验研究［D］. 天津：天津大学，2005.

［124］张维，曾薇，熊熊. 消费行为改变下的信用卡风险仿真［J］. 华东经济管理，2012，26（4）：79-83.

［125］张维，赵帅特，熊熊. 计算实验金融、技术规则与时间序列收益可预测性［J］. 管理科学，2008，21（3）：74-84.

［126］张永杰，张维，金曦等. 互联网知道的更多么？——网络开源信息对资产定价的影响［J］. 系统工程理论与实践，2011，31（4）：577-586.

［127］赵尚梅，孙桂平，杨海军. 股票期权对股票市场的波动性分析：基于 agent 的计算实验金融仿真角度［J］. 管理工程学报，2015，29（1）：207-215.

［128］赵帅特. 基于计算实验金融的典型股票收益异象定价研究［D］. 天津：天津大学，2009.

［129］周军杰，左美云. 线上线下互动、群体分化与知识共享的关系研究——基于虚拟社区的实证分析［J］. 中国管理科学，2012，20（6）：185-192.

［130］邹琳，杨亚男，马超群. 股票市场混沌演化机制：基于计算实验方法的模拟解释［J］. 系统工程，2013（7）：8-14.